[Administração da produção e operações]

EDITORA intersaberes

O selo DIALÓGICA da Editora InterSaberes faz referência às publicações que privilegiam uma linguagem na qual o autor dialoga com o leitor por meio de recursos textuais e visuais, o que torna o conteúdo muito mais dinâmico. São livros que criam um ambiente de interação com o leitor – seu universo cultural, social e de elaboração de conhecimentos –, possibilitando um real processo de interlocução para que a comunicação se efetive.

[Administração da produção e operações]

MARCOS RONALDO ALBERTIN
HERÁCLITO LOPES JAGUARIBE PONTES

EDITORA intersaberes

Rua Clara Vendramin, 58 · Mossunguê
CEP 81200-170 · Curitiba · PR · Brasil
Fone: (41) 2106-4170
www.intersaberes.com
editora@editoraintersaberes.com.br

Conselho editorial

[Dr. Ivo José Both (presidente)

Dr.ª Elena Godoy

Dr. Neri dos Santos

Dr. Nelson Luís Dias

Dr. Ulf Gregor Baranow]

Editora-chefe [Lindsay Azambuja]

Supervisora editorial [Ariadne Nunes Wenger]

Analista editorial [Ariel Martins]

Capa [Sílvio Gabriel Spannenberg]

Projeto gráfico [Raphael Bernadelli]

Diagramação [LAB Prodigital]

Iconografia [Vanessa Plugiti Pereira]

Dados Internacionais de Catalogação na Publicação (CIP)
(Câmara Brasileira do Livro, SP, Brasil)

Albertin, Marcos Ronaldo
    Administração da produção e operações/Marcos Ronaldo Albertin, Heráclito Lopes Jaguaribe Pontes. Curitiba: InterSaberes, 2016. (Série Administração da Produção)

    Bibliografia.
    ISBN 978-85-443-0234-7

    1. Administração da produção 2. Planejamento estratégico 3. Sistemas de produção I. Pontes, Heráclito Lopes Jaguaribe. II. Título. III. Série.

15-05566   CDD 658.5

Índices para catálogo sistemático:
1. Sistemas de produção: Administração de empresas   658.5

1ª edição, 2016.
Foi feito o depósito legal.
Informamos que é de inteira responsabilidade dos autores a emissão de conceitos.
Nenhuma parte desta publicação poderá ser reproduzida por qualquer meio ou forma sem a prévia autorização da Editora InterSaberes.
A violação dos direitos autorais é crime estabelecido na Lei n. 9.610/1998 e punido pelo art. 184 do Código Penal.

[sumário]

agradecimentos [8]

apresentação [9]

como aproveitar ao máximo este livro [10]

1 Sistemas de produção [13]

1.1 Administração da produção e operações e sistema simplificado de produção [15]

1.2 Inter-relacionamento dos processos no sistema de produção [20]

1.3 Tipos de sistemas produtivos [22]

1.4 Evolução dos sistemas produtivos [24]

2 Gestão da demanda [31]

2.1 Introdução à previsão da demanda [33]

2.2 Técnicas de previsão [35]

2.3 Erros de previsão [42]

3 Gestão da capacidade [47]

3.1 Introdução à gestão da capacidade [49]

3.2 Tipos de capacidade [51]

3.3 Fatores condicionantes do planejamento da capacidade [53]

3.4 Importância das decisões sobre a capacidade [57]

3.5 Cálculo da capacidade para *mix* de produção [59]

3.6 Análise da capacidade no tempo [60]

4 Gestão de estoques [65]

4.1 Introdução à gestão de estoques [67]

4.2 Tipos e categorias de estoques [68]

4.3 Custos relevantes de estoques [69]

4.4 Lote econômico [71]

4.5 Controle de estoques [77]

4.6 Comprar ou fabricar [79]

4.7 Estoques de segurança [80]

4.8 Curva ABC [82]

5 Planejamento da produção [87]

5.1 Etapas do planejamento e controle da produção [89]
5.2 Planejamento agregado da produção [92]
5.3 Plano mestre de produção [98]

6 Programação e controle da produção [107]

6.1 Programação da produção [109]
6.2 Programação e controle da produção com *kanbans* [112]
6.3 Sequenciamento da produção [115]
6.4 Rede Pert/CPM [122]
6.5 Controle da produção [124]
6.6 Lote pequeno *versus* lote grande [126]

7 Planejamento das necessidades de materiais e planejamento de recursos de manufatura [131]

7.1 Planejamento das necessidades de materiais [133]
7.2 Planejamento de recursos da manufatura [138]
7.3 Sistema integrado de gestão empresarial [142]

8 *Just in time* [147]

8.1 Introdução ao *just in time* [149]
8.2 O que é *just in time*? [151]
8.3 Eliminando perdas segundo o *just in time* [153]
8.4 Transição do sistema tradicional para o *just in time* [154]
8.5 Célula de manufatura [156]
8.6 Outras ferramentas do *just in time* [165]

9 Teoria das restrições [173]

9.1 Introdução à teoria das restrições [175]

9.2 Modelos analíticos da teoria das restrições [176]

9.3 Restrições do sistema produtivo [178]

9.4 Redução das perdas segundo a teoria das restrições [180]

9.5 Manufatura sincronizada: "tambor – pulmão – corda" [181]

9.6 Princípios da produção sincronizada [184]

9.7 Identificação do gargalo no *mix* de produção [185]

para concluir... [189]

estudos de caso [190]

lista de siglas [199]

referências [202]

apêndice [206]

respostas [209]

sobre os autores [222]

[agradecimentos]

Agradecemos a grande contribuição de alunos bolsistas do Observatório Tecnológico da Universidade Federal do Ceará (UFC) pelo apoio acadêmico para a elaboração dos conteúdos desta obra. Somos gratos aos alunos Francisco Jerley Solon de Souza, Tárcia Portela de Carvalho Correia, Nathalia de Sousa Pereira e Paulo Marcelo Machado Bruno, da disciplina de PCP, pelas dicas e soluções dos problemas propostos. Agradecemos também aos alunos Pedro Celestino de Oliveira Neto, Lucas Damasceno e Ludovic Trubert, que nos apoiaram na elaboração das figuras e tabelas e, principalmente, na validação dos textos, simulando o ensino a distância.

[apresentação]

Ao aceitarmos o convite para escrever este livro sobre administração da produção e operações (APO), percebemos uma ótima oportunidade não só para atualizar nosso material didático, elaborado ao longo de muitos anos lecionando as disciplinas dos cursos de Planejamento e Controle de Produção (PCP), como também para compilar anotações acumuladas de nossas experiências em empresas e projetos de consultoria.

Nosso principal objetivo foi elaborar um livro de fácil leitura e compreensão, com muitos exemplos, que despertasse o interesse do leitor pela área de APO.

O livro descreve as atividades relacionadas à APO, comentando de forma introdutória as principais etapas do PCP. Para que o leitor compreenda melhor os conteúdos, exploramos estudos de caso, figuras, exercícios resolvidos e exemplos. As soluções de inúmeras questões reforçam nosso compromisso com o aprendizado. Materiais complementares, figuras e soluções de exercícios podem ser obtidos no *site* <http://www.ot.ufc.br>.

A obra está estruturada em nove capítulos. O primeiro deles é uma introdução às atividades de APO, aos sistemas produtivos e à sua evolução. No segundo, terceiro e quarto capítulos tratamos, respectivamente, da gestão da demanda, da capacidade e de estoques – conceitos utilizados e exemplificados ao longo dos capítulos seguintes. No quinto capítuo, descrevemos a etapa de planejamento da produção, com ênfase no planejamento agregado da produção (PAP) e no plano mestre de produção (PMP). No sexto capítulo, descrevemos a última etapa do PCP, conhecida como *programação e controle da produção*. No sétimo, tratamos dos sistemas computacionais denominados *planejamento das necessidades de materiais* (MRP) e *planejamento de recursos de manufatura* (MRP II). Os últimos dois capítulos estão relacionados às técnicas modernas de gestão dos sistemas produtivos chamadas *just in time* (JIT) e *teoria das restrições* (TOC).

[como aproveitar ao máximo este livro]

Este livro traz alguns recursos que visam enriquecer o seu aprendizado, facilitar a compreensão dos conteúdos e tornar a leitura mais dinâmica. São ferramentas projetadas de acordo com a natureza dos temas que vamos examinar. Veja, a seguir, como esses recursos se encontram distribuídos no projeto gráfico da obra.

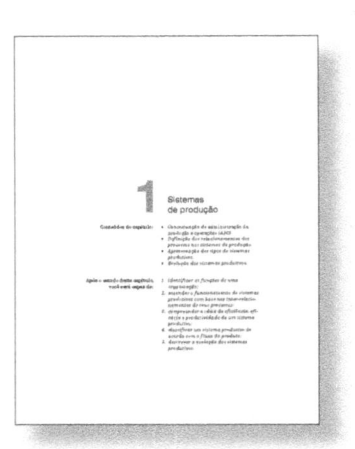

- *Conteúdos do capítulo:*
Logo na abertura do capítulo, você fica conhecendo os conteúdos que serão abordados.

- *Após o estudo deste capítulo, você será capaz de:*
Você também é informado a respeito das competências que irá desenvolver e dos conhecimentos que irá adquirir com o estudo do capítulo.

- *Síntese*
Você dispõe, ao final do capítulo, de uma síntese que traz os principais conceitos nele abordados.

- *Questões para revisão*
Com estas atividades, você tem a possibilidade de rever os principais conceitos analisados no capítulos. Ao final do livro, os autores disponibilizam as respostas às questões, a fim de que você possa verificar como está sua aprendizagem.

- *Questões para reflexão*
Nessa seção, a proposta é levá-lo a refletir criticamente sobre alguns assuntos e trocar ideias e experiências com seus pares.

- *Para saber mais*
Você pode consultar as obras indicadas nesta seção para aprofundar sua aprendizagem.

- *Estudos de caso*
Essa seção traz ao seu conhecimento situações que vão aproximar os conteúdos estudados à sua prática profissional.

1 Sistemas de produção

Conteúdos do capítulo:
- *Conceituação de administração da produção e operações (APO).*
- *Definição dos relacionamentos dos processos nos sistemas de produção.*
- *Apresentação dos tipos de sistemas produtivos.*
- *Evolução dos sistemas produtivos.*

Após o estudo deste capítulo, você será capaz de:
1. *identificar as funções de uma organização;*
2. *entender o funcionamento de sistemas produtivos com base nos inter-relacionamentos de seus processos;*
3. *compreender a ideia de eficiência, eficácia e produtividade de um sistema produtivo;*
4. *classificar um sistema produtivo de acordo com o fluxo do produto;*
5. *descrever a evolução dos sistemas produtivos.*

1.1 Administração da produção e operações e sistema simplificado de produção

A função *produção* ou *administração da produção e operações* (APO) está relacionada à produção de bens e à prestação de serviços. Ela forma, com o *marketing* e as finanças, as funções primárias de qualquer organização. A APO é composta de vários processos que compõem o sistema produtivo, conforme representados na Figura 1.1.

Figura 1.1 – Funções típicas de uma organização

```
                        Unidade
                        produtora
           ┌───────────────┼───────────────┐─ ─ ─ ─ ─ ─┐
      Marketing         Produção        Finanças
   ┌────┬────┬────┬────┬────┬────┐                    │
Compras Manutenção  Planejamento  Gestão da   Tecnologia  Manufatura   Recursos
                    e Controle    Qualidade                            Humanos
                    da Produção   (GQ)/                                (RH)
                    (PCP)         Organização
                                  e Métodos
```

Ao analisarmos as relações e os interesses das três grandes áreas que originalmente compõem uma empresa (Figura 1.1), percebemos que existem interesses conflitantes quanto à gestão de recursos.

A função **produção** busca a máxima produtividade no uso dos recursos que lhe são colocados à disposição – como máquinas, mão de obra e instalações em geral – e objetiva produzir a menor variedade possível de produtos nas maiores quantidades possíveis. Dessa maneira, busca, acima de tudo, a máxima eficiência no uso desses recursos, com vistas a obter ganhos de escala. As incertezas e os fatores restritivos internos, como custos elevados de preparação de máquinas, variações de demanda, capacidade dos equipamentos e mão de obra, favorecem a escolha de programas de produção constantes, com a menor variedade possível de produtos.

A função **marketing**, por sua vez, busca satisfazer a todas as demandas do mercado, não importando as condições de quantidades ou os prazos. Muitas vezes, para a área de vendas, o *mix* ideal de produtos é o que nos permite o maior faturamento possível, principalmente quando a remuneração dos vendedores dá-se com base nas comissões sobre vendas. Para o *marketing*, não importa quão fácil ou difícil seja a fabricabilidade desse *mix*, o mais importante é atendermos a qualquer solicitação do mercado.

Por último, a função **finanças** objetiva a máxima rentabilidade possível do capital. Para a área financeira, a condição ideal seria aquela em que o capital pudesse ficar intocável, aplicado, produzindo o menos possível com estoques.

A **APO** é a atividade pela qual os recursos, fluindo dentro de um sistema definido, são reunidos e transformados de uma forma controlada com a finalidade de agregar valor e atingir os objetivos estabelecidos pela empresa (expansão, rentabilidade, produção com qualidade, produtividade, competitividade etc.).

Fonte: Slack; Chambers; Johnston, 2009, grifo nosso.

A importância da APO pode ser resumida em:
- apoiar a fabricação;
- minimizar os *inputs* (entradas);
- maximizar os *outputs* (saídas);
- otimizar e controlar os recursos;
- quantificar ou atingir os objetivos e as metas de produção;
- operar e lidar com instalações, maquinário e matéria-prima por meio da mão de obra.

Para melhor compreendermos o sistema produtivo de uma organização, apresentamos o modelo do **sistema simplificado de produção** (SSP). Ele relaciona as entradas e as saídas do sistema produtivo, conforme mostrado na Figura 1.2.

Sistema de produção é um processo planejado no qual os recursos são transformados em produtos (bens, serviços e informações).

De acordo com Slack, Chambers e Johnston (2009), o SSP é formado por:

- **Entradas** – São os recursos materiais (RM), os recursos humanos (RH) e os recursos financeiros (RF) e as tecnologias (informação).
- **Processos** – Podem ser definidos como o conjunto de atividades que consome recursos voltado a um objetivo ou como o conjunto de causas que provoca um ou mais efeitos.
- **Influência dos meios interno e externo** – Tem como exemplo a interferência de organograma, *layout*, políticas cambial e financeira, entre outros.
- **Controle** – Todo sistema precisa ser controlado para garantir a integração, o que possibilita a obtenção dos resultados esperados (eficácia) com um mínimo de recursos necessários (eficiência). O controle abrange:
    - estabelecimento dos padrões de desempenho: definição dos critérios que serão usados no controle das atividades;
    - medição do desempenho: registro dos resultados alcançados.

  O controle pressupõe o monitoramento dos processos, ou seja, o processo produtivo é acompanhado e, quando necessário, ocorre uma ação de intervenção.
- **Saídas** – Compõem-se de produtos como bens (canetas, despertadores, cafeteiras – todos os materiais que podem ser tocados, medidos em suas características físicas e mantidos em estoque), serviços (cortes de cabelo, atendimento médico, aulas, vendas – são imateriais, não podem ser estocados para consumo futuro e são caracterizados pela presença da pessoa que presta o serviço) ou informações (cotação do dólar, cálculo de resistência de um material, pesquisa de preferência do consumidor – compartilham características de bens e serviços).

Figura 1.2 – Sistema simplificado de produção (SSP)

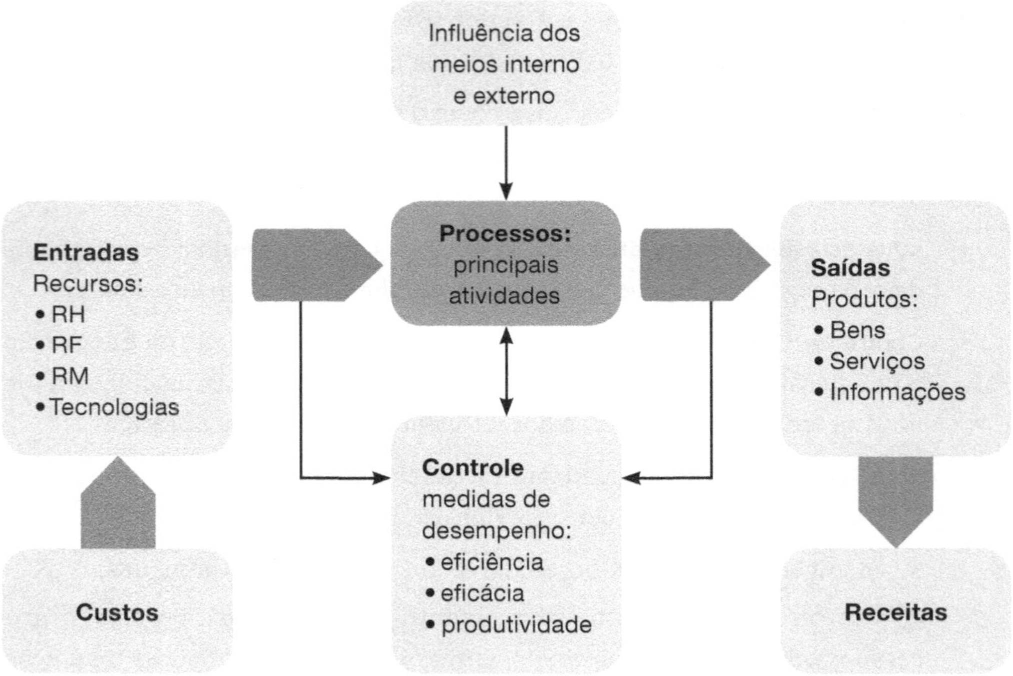

```
                    Influência dos
                    meios interno
                      e externo
                          │
                          ▼
  Entradas          Processos:            Saídas
  Recursos:     →   principais       →    Produtos:
  • RH              atividades             • Bens
  • RF                  ↕                  • Serviços
  • RM                                     • Informações
  • Tecnologias
      ↑             Controle                  │
                   medidas de                 ▼
                   desempenho:
   Custos          • eficiência            Receitas
                   • eficácia
                   • produtividade
```

Fonte: Adaptado de Moreira, 2008, p. 8.

É mais comum encontrarmos produtos constituídos de uma mescla de bens, serviços e informações que produtos formados por um só desses itens. A revisão gratuita de um automóvel, o serviço de atendimento ao consumidor e a garantia de um produto são exemplos disso. Agregar serviços e informações aos bens é considerada uma estratégia competitiva.

A NBR ISO 9000 define *produto* como resultado de um processo, podendo ser bens materiais, serviços ou informações (ABNT, 2005). Suas características estão descritas no quadro a seguir.

Quadro 1.1 – Características de bens, serviços e informações

Bens materiais	Serviços	Informações
Materiais	Imateriais	Imateriais
Armazenáveis	Não estocáveis	Armazenáveis
Transportáveis	Instantâneos	Transportáveis
Compra imediata – uso posterior	Compra imediata – uso imediato	Compra imediata – uso posterior
Impessoal	Pessoal	Impessoal

De acordo com a ABNT (2005), para qualquer sistema produtivo, temos:

- **Produtividade** – Tem como primeira definição o maior ou o menor aproveitamento dos recursos (entradas) em um processo de produção, isto é, a capacidade de produzir (saídas) partindo-se de certa quantidade de recursos. É representada pela fórmula $P = Saídas/Entradas$. Para uma segunda definição, *produtividade* é igual ao valor produzido sobre o valor consumido. Exemplos: faturamento/funcionário; faturamento/m^2; quantidade de automóveis produzidos/horas trabalhadas; toneladas de aço produzido/funcionário; toneladas de aço produzido/energia consumida (kWh).

- **Eficiência** – Tem como primeira definição o máximo aproveitamento dos recursos produtivos. Em uma segunda definição, é a relação entre o resultado alcançado e o resultado pretendido. Exemplo: percentual de uso da capacidade efetiva (uma máquina produzindo com 85% de eficiência significa que produziu 85% da sua capacidade efetiva ou esperada).

- **Eficácia** – É a extensão na qual as atividades planejadas são realizadas e os resultados (objetivos) planejados são alcançados. A meta é a quantificação do objetivo. Exemplo: objetivo de aumentar as vendas e meta de atingir R$ 2.000.000,00 em novembro do ano seguinte.

Se considerarmos o SSP (Figura 1.2), é possível afirmarmos que a APO tem os seguintes objetivos específicos:

- produzir produtos e prestar serviços com a qualidade desejada, no momento correto, na quantidade certa e com o custo adequado;
- ajustar a produção em caso de falhas e necessidades não previstas;
- atender, em termos lucrativos, às solicitações de prazo;
- buscar o aproveitamento ótimo dos recursos disponíveis.

Lembre-se: O que se otimiza na empresa não são os **custos**, mas sim os **recursos**.

1.2 Inter-relacionamento dos processos no sistema de produção

Para alcançarmos os objetivos de uma organização, necessitamos planejar a sequência e a inter-relação dos processos do sistema de produção. A Figura 1.3 esquematiza esse planejamento.

Figura 1.3 – Sequência e inter-relação dos processos típicos de uma organização

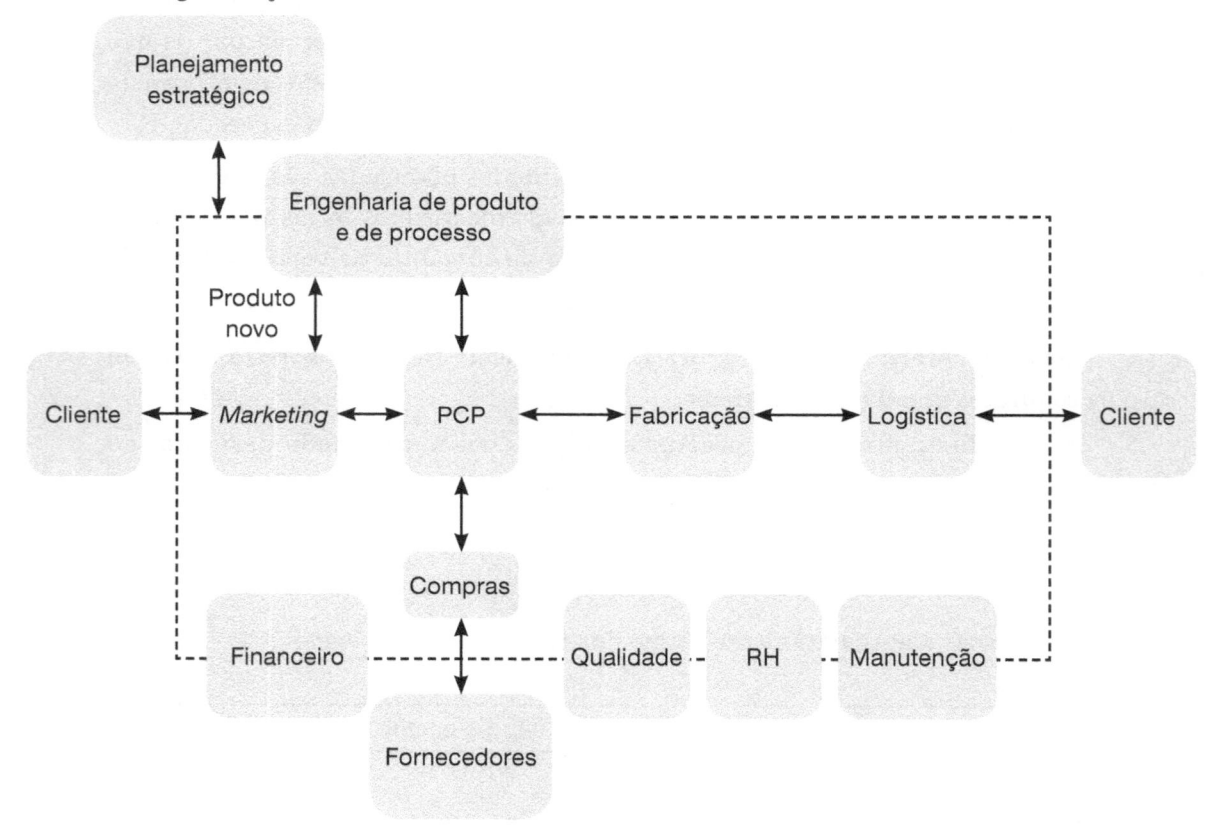

O planejamento estratégico estabelece objetivos para cada processo. Já o PCP traduz os objetivos da produção do nível estratégico ao nível operacional. A Figura 1.4 nos mostra o fluxo de informação entre os principais processos da Figura 1.3. Como exemplo, suponhamos que o cliente envie consultas e pedidos ao *marketing* (comercial) e receba deste as condições de entrega, como preço e prazo.

Figura 1.4 – Fluxo de informação entre processos

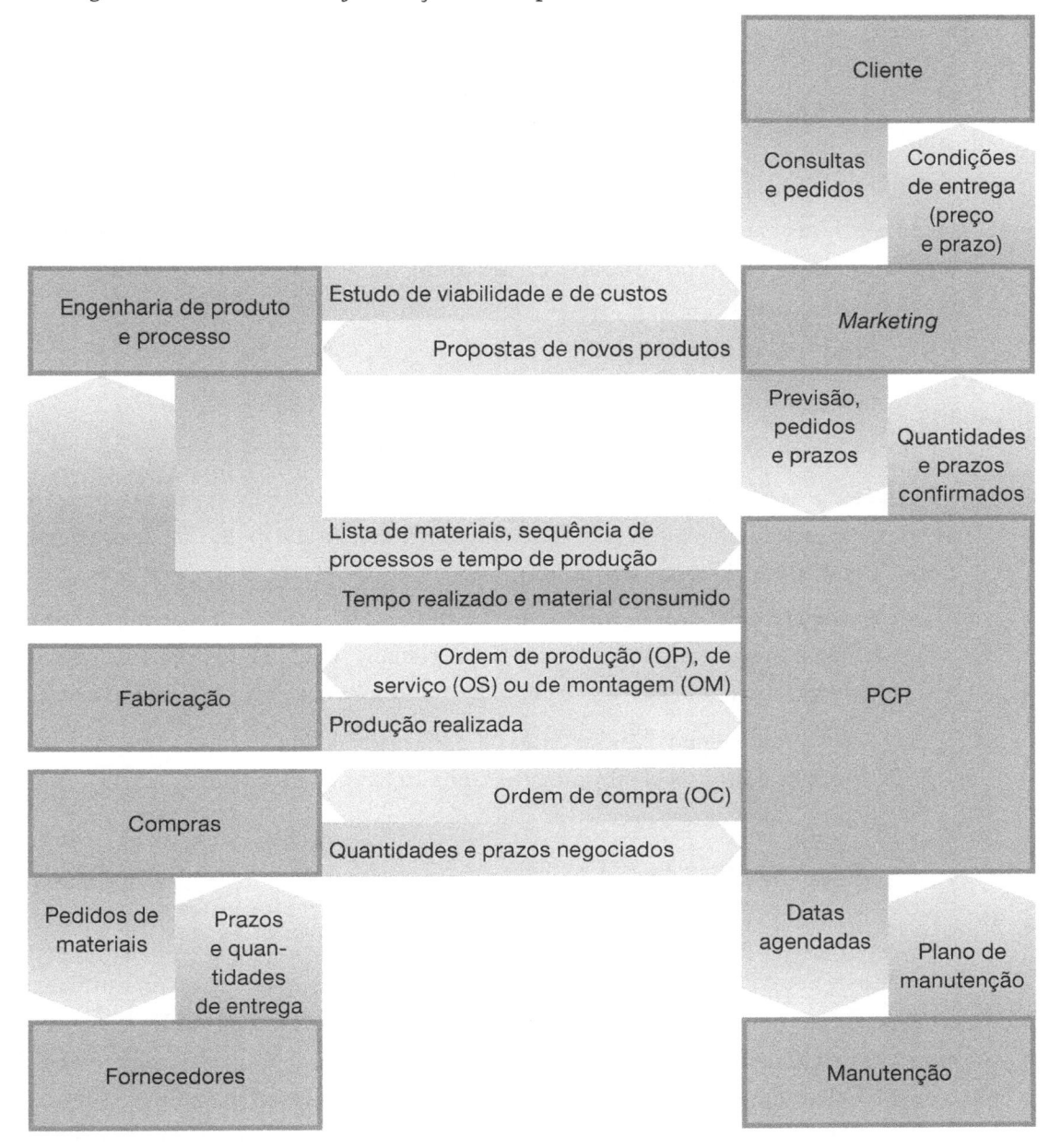

1.3 Tipos de sistemas produtivos

Uma vez definidos o sistema de produção e o seu fluxo de informação, é importante realizarmos a classificação de ambos. A mais adequada ao estudo da APO é em função do fluxo do produto. Os sistemas de produção são agrupados em três grandes categorias:

1. produção em linha (grandes lotes);
2. produção intermitente (repetitiva) ou batelada (pequenos lotes);
3. produção por projetos (lote único ou poucas unidades).

O **sistema de produção em linha** apresenta uma sequência linear de fabricação, sendo os produtos bem padronizados e com fluxo de um posto de trabalho a outro. É subdividido nos seguintes tipos:

- **Produção em massa** – Linhas de montagem de produtos caracterizadas pela fabricação em larga escala, com pouca variedade de produtos e grau de diferenciação muito pequeno. Ex.: automóveis, fogões, geladeiras etc.
- **Produção contínua** – Indústrias de processo, caracterizadas por alta eficiência e pouca flexibilidade. Ex.: indústrias químicas, fábricas de papel, de aço, de cimento etc.

No **sistema de produção intermitente**, os lotes têm tamanho médio e se repetem – como é o caso de uma indústria de cosméticos com tanques de misturas (reatores). Destaca-se o tipo *job shop* ou ferramentaria. Nesse caso, os lotes são pequenos e pouco repetitivos, característicos de matrizarias ou ferramentarias.

A **produção por projetos** é caracterizada por pequenas quantidades – muitas vezes, fabrica-se um só produto. Podemos citar como exemplos a construção de uma hidrelétrica, de um aeroporto ou a pintura de um quadro.

O Quadro 1.2 apresenta algumas características gerais dos diferentes sistemas produtivos.

Quadro 1.2 – Características dos sistemas produtivos

Tipos de Sistemas Produtivos / Características	Contínuo	Massa	Intermitente	Job shop	Projeto
Volume de produção	Alto	Alto	Médio	Baixo	Baixo ou único
Variedade de produtos	Pequena	Média	Grande	Muito grande	Pequena ou único
Flexibilidade	Baixa	Média	Alta	Muito alta	Muito alta
Qualificação da mão de obra na produção	Baixa	Média	Alta	Muito alta	Muito alta
Layout	Por produto	Por produto	Por processo	Por processo	Posição fixa
Capacidade ociosa dos equipamentos	Baixa	Baixa	Média	Alta	Alta
Lead time	Baixo	Baixo	Médio	Alto	Alto
Fluxo de informações	Baixo	Médio	Médio	Alto	Alto

Fonte: Elaborado com base em Tubino, 2007.

1.4 Evolução dos sistemas produtivos

> *A era do artesão foi a primeira forma de organização do trabalho e iniciou-se, provavelmente, quando foi produzido o primeiro artefato (produto). Essa forma de organização existe ainda hoje.

Desde a era do artesanato* o ser humano tem encontrado formas diferenciadas de organização do sistema produtivo na busca do desenvolvimento deste, com aumento de produtividade e maior competitividade. No passado, o **artesão** ou o mestre planejava e monitorava as principais funções do processo produtivo, como a comercialização, a produção e o financiamento desta. Embora o processo produtivo fosse bastante verticalizado, o artesão (proprietário) controlava todas as etapas do processo e permanecia atento às necessidades do mercado e à satisfação dos clientes (Jones; Womack, 1992).

Artesão: era o operador de pequenas oficinas com processos verticalizados, caracterizando-se como mão de obra qualificada e intensiva. Sua produção era voltada para o cliente e quase sempre por encomenda. Seu ofício era transmitido de pai para filho.

A produção industrial moderna teve início com a Revolução Industrial, na metade do século XVIII. Com o desenvolvimento, principalmente, da indústria têxtil (máquina de fiar, tear hidráulico, tear mecânico) e do transporte ferroviário (máquina a vapor), surgiu uma nova era industrial, em que a mão de obra foi substituída gradualmente pela máquina, com emprego da força mecânica (mecanização).

Em seu livro *A riqueza das nações* (*The Wealth of Nations*), publicado em 1776, **Adam Smith** reconhecia que a tecnologia oriunda da Revolução Industrial havia criado uma oportunidade excelente para aumentar a produtividade dos trabalhadores e obter a redução dos custos de produção. Essa forma era mais efetiva que simplesmente aumentar a velocidade dos funcionários. Smith (1998) defendia a estratégia de produção baseada na **divisão do trabalho** em tarefas individualizadas, na qual cada trabalhador realizava uma parte da tarefa de modo mais eficiente que a atividade de um trabalhador generalista, que executasse todas as tarefas de produção, como acontecia com os artesãos. Ele considerava três as vantagens principais para o aumento da produtividade no trabalho (Smith, 1998):

1. especialização nas tarefas, o que levava ao aumento da capacidade de execução do trabalhador pela repetição dos movimentos;
2. diminuição das perdas associada à alteração do tipo de trabalho realizado e às necessidades de adaptação do trabalhador (fácil aprendizado);

3. realização do trabalho de vários homens por um único trabalhador, em virtude do grande número de máquinas que estavam sendo inventadas na época.

Especialização do trabalho: divisão do trabalho em tarefas e adequação do homem a elas. Mais tarde, a ergonomia, ao contrário, buscava a adequação da tarefa ao homem.

A padronização permitiu que as partes de um produto pudessem ser fabricadas em locais diferentes e montadas posteriormente, compondo o produto final conforme determinado no desenho ou no projeto. Esse princípio, chamado *intercambiabilidade*, revolucionou a fabricação de produtos padronizados. Conceitos de **padronização, mecanização** e **intercambiabilidade** foram utilizados na organização de sistemas produtivos em indústrias baseadas na divisão do trabalho, possibilitando processos mais complexos e dinâmicos, que proporcionaram um salto na produtividade (Albertin, 2003).

No início do século XIX, surgiu com **Frederick Taylor** a **administração científica** ou taylorismo, modelo que consistiu em uma proposta sistemática de aumento da produtividade por meio de estudos e mudanças nos métodos de organização do trabalho. Partindo do pressuposto de que há uma maneira ótima de se executar um trabalho, definida por métodos científicos ou racionais, o método de Taylor (1990) sugere:

- aperfeiçoar o próprio método;
- cronometrar o tempo de execução do novo método;
- treinar o funcionário;
- programar, dirigir e controlar a atividade baseando-se no tempo-padrão.

Henry Ford introduziu, no início do século XX, a **produção em massa**. A lógica do fordismo era produzir em quantidades sempre maiores, com consequente redução de custos (ganhos de escala). Foram, então, criadas as linhas de produção, que tiraram maior proveito da divisão do trabalho, na qual cada funcionário fazia determinada atividade, aumentando a produtividade e diminuindo os custos.

A utilização do conceito "um homem, um posto, uma tarefa" chegou a seu limite possível, ficando cada operador na execução de uma única tarefa durante toda a sua jornada de trabalho. O treinamento se tornou fácil e a esteira transportadora impôs um ritmo constante de trabalho. A verticalização do sistema produtivo e a padronização de componentes, além do próprio sistema de produção em massa, levaram a empresa Ford Motor Company à posição de liderança no mercado mundial. Sua estratégia estava fundamentalmente baseada em custos, não havendo maior interesse na qualidade ou na diferenciação de produtos.

As empresas americanas cresceram rapidamente e passaram a apresentar outras características, como a preocupação com ganhos de escala, a racionalização e a especialização da mão de obra. Para auxiliar a gestão dessas organizações, desenvolveram-se novas abordagens competitivas, técnicas e ferramentas, como planejamento estratégico, padronização da matéria-prima, do produto, do processo, dos métodos de trabalho, do projeto de produto e de ferramentas, incentivo salarial, entre outras. Desenvolveram-se conhecimentos especializados, principalmente sobre estatística aplicada na manufatura em grande escala. Foi assim que **Walter Shewhart** (1924) desenvolveu um método de acompanhamento da produção chamado *controle estatístico do processo* (CEP), utilizando controle por amostragem por meio de cartas de controle estatístico.

Depois da Segunda Guerra Mundial, o mercado, que era altamente produtor, passou a ser consumidor. A empresa General Motors começou a oferecer mais variedade de produtos, dando opção de cores e modelos aos consumidores. A Ford, para lançar o carro Modelo A, o que demandava aproximadamente 5 mil peças novas, necessitou fechar a fábrica por seis meses e nunca mais recuperou a liderança na produção automotiva mundial (Corrêa; Corrêa, 2012). O mercado começou a exigir produtos cada vez mais diferenciados, indicando a necessidade de constante adaptação das estratégias adotadas pelas empresas.

Na década de 1950, os japoneses, com base na influência de **Deming** e **Juran**, reconheceram essa estratégia e, por meio da reformulação de seu sistema produtivo, passaram a responsabilidade pela qualidade dos produtos diretamente às pessoas que os produziam, e não mais aos inspetores da qualidade. Essa nova forma de controle exigia um esforço grande no treinamento para as atividades produtivas e estava inserida em uma concepção de **produção enxuta**. Com a participação dos colaboradores, buscava-se eliminar perdas de materiais e de trabalho e reduzir estoques. A estratégia japonesa resultou na constituição dos círculos de controle da qualidade (CCQ), da metodologia do *total quality control* (TQC) e do *just in time* (JIT), utilizando o sistema de cartões *kanban*. Associada ao esforço integrado de governo e empresas, à base cultural homogênea e ao apoio do governo americano à concessão de facilidades em seu mercado interno, a proposta japonesa teve sucesso no desenvolvimento da economia industrial nacional e no fortalecimento de empresas exportadoras. Esses e outros esforços por sistemas produtivos cada vez mais eficientes e eficazes estão representados no Gráfico 1.1.

Gráfico 1.1 – Evolução dos sistemas produtivos

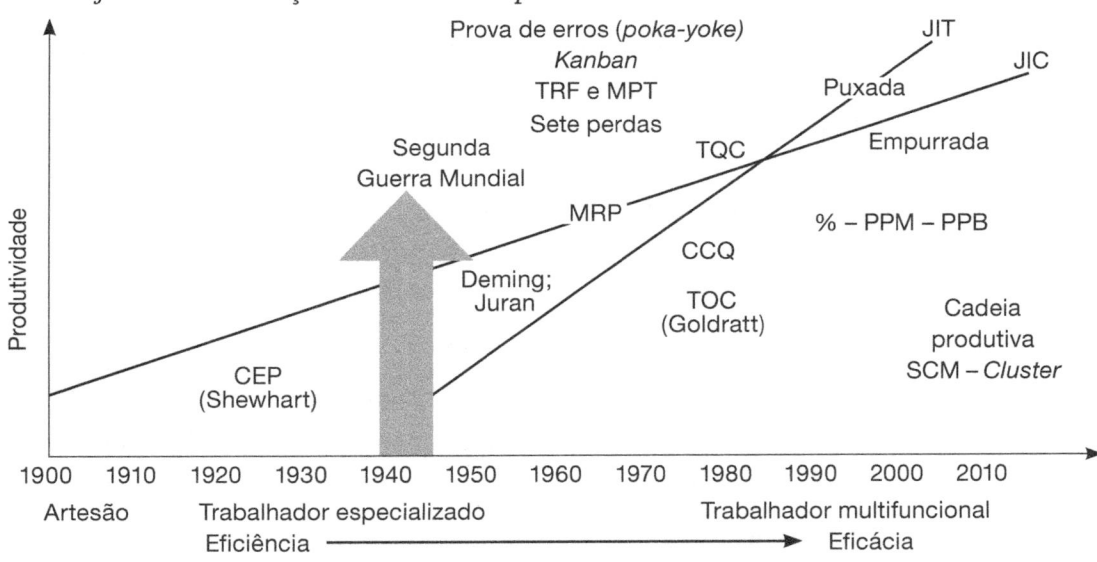

[Gráfico: eixo vertical "Produtividade", eixo horizontal com anos de 1900 a 2010. Marcos: CEP (Shewhart); Deming; Juran; Segunda Guerra Mundial; MRP; Prova de erros (poka-yoke); Kanban; TRF e MPT; Sete perdas; TQC; CCQ; TOC (Goldratt); Puxada; Empurrada; % – PPM – PPB; JIT; JIC; Cadeia produtiva SCM – Cluster. Faixas: Artesão; Trabalhador especializado (Eficiência); Trabalhador multifuncional (Eficácia).]

CEP: Controle estatístico de processos.
JIC: *Just in case.*
JIT: *Just in time.*
MPT: Manutenção produtiva total.
PPB: Partes por bilhão.
PPM: Partes por milhão.
TQC: *Total quality control.*
TRF: Troca rápida de ferramentas.
SCM: *Supply chain management.*
TOC: *Theory of constraints.*
Sete perdas: Trata-se das sete perdas do sistema Toyota de produção.

A partir da crise do petróleo (1973) e da contínua piora da escassez de recursos financeiros, uma nova onda de controle do desperdício de insumos de produção e de materiais na produção, aliada à garantia da venda da produção, disseminou o sistema Toyota de produção (STP). Esse sistema reunia técnicas de multifuncionalidade, de estruturação do *layout* em células, de troca rápida de ferramentas (TRF), de manutenção produtiva total (MPT), do sistema JIT e de parcerias com fornecedores na cadeia produtiva (Bratz, 2001). O aumento de produtividade e de qualidade na indústria japonesa teve como resultado a liderança desta em alguns setores industriais, como eletrônicos, câmeras fotográficas e relógios.

As **não conformidades** eram medidas inicialmente em percentuais, isto é, em partes por cem. Posteriormente, os sistemas evoluíram para medições em partes por milhão (PPM) e, em algumas empresas, partes por bilhão (PPB).

Finalmente, a partir da década de 1980, podemos observar novas abordagens competitivas dando ênfase a **relações colaborativas** entre empresas. Destacam-se, a competitividade entre aglomerados (Messner, 2002) ou *clusters* (Porter, 1990; Nadvi; Schmitz, 1999), entre regiões e entre cadeias de valor (Gereffi, 1999), caracterizando novas relações interempresariais na economia mundial e criando outros desafios para a administração dos sistemas produtivos integrados.

■ **Síntese**

A APO é uma atividade que transforma recursos em produtos (bens, serviços e informações) para atender à demanda do mercado e aos objetivos estabelecidos pelo planejamento estratégico. Ela coordena e controla vários processos inter-relacionados do sistema produtivo de forma eficaz. A organização dos sistemas produtivos tem evoluído continuamente na busca por maior produtividade, com destaque aos sistemas JIC e JIT.

■ **Questões para revisão**

1. Esquematize o SSP para uma empresa/atividade conhecida, contemplando seus processos principais. Para essa empresa, cite indicadores de desempenho de eficiência, eficácia e produtividade.

2. Você, como consultor, está no meio de uma roda de empresários e ouve os seguintes comentários: "Antes bastava produzir que dava para pagar os funcionários, comprar equipamento novo e ainda sobrava um pouco" e "Hoje não basta só produzir. Temos que fazê-lo de forma eficiente". Todos concordam plenamente e você aproveita para falar de eficácia em um sistema produtivo. Qual das afirmativas a seguir estaria **incorreta** em sua apresentação?

    a. A eficácia está relacionada ao plano tático de uma organização, indicando os resultado que um processo deve ter.

    b. A eficiência busca aperfeiçoar a viabilidade de ação, maximizando os resultados pela utilização racional de recursos, tratando-se do nível operacional.

    c. Sistemas produtivos eficientes não são necessariamente eficazes e vice-versa, mas sistemas eficientes apresentam mais facilidade no atingimento dos objetivos em virtude da otimização do uso dos recursos.

    d. A eficiência está relacionada ao objetivo ou resultado, enquanto a eficácia está relacionada à forma ou ao processo para se alcançar esse objetivo.

3. Exemplifique como o meio externo influencia a unidade produtora, citando uma empresa fictícia de um ramo qualquer.

4. Sobre as principais diferenças entre a produção de bens e a prestação de serviços, podemos citar, **exceto**:
   a. Os serviços são intangíveis, ou seja, são experiências vivenciadas pelos clientes, enquanto os bens são tangíveis.
   b. Os serviços envolvem um menor contato do cliente, enquanto a manufatura de bens separa claramente produção e consumo.
   c. Os serviços estão sujeitos a uma maior variabilidade que a manufatura.
   d. Na manufatura, as matérias-primas e peças componentes são, normalmente, mais padronizadas.

■ Questões para reflexão

1. A especialização do trabalho e a padronização de tarefas propostas pelo taylorismo e pelo fordismo são antagônicas às premissas do sistema Toyota de produção (STP) ou são complementares?

2. Pesquise quais as consequências mentais e físicas da especialização do trabalho e discorra sobre elas

■ Para saber mais

TAYLOR, W. F. **Princípios de administração científica**. São Paulo: Atlas, 1990.

Obra clássica na literatura de sistemas produtivos que enfatiza a aplicação de métodos científicos aos problemas baseando-se em leis, regras e princípios claramente definidos. Mostra que os princípios da administração científica podem maximizar a produtividade do trabalhador por meio de uma análise sistemática do trabalho do empregado, atingindo a melhor forma de realizar tal trabalho, assegurando retorno para os empresários e os colaboradores.

TEMPOS modernos. Direção: Charlie Chaplin. EUA: Charlie Chaplin Film Corporation, 1936. 87 min.

O ator britânico Charles Chaplin apresenta, nessa brilhante obra cinematográfica, uma crítica ao sistema de trabalho em que os funcionários passaram a ser inseridos após a Revolução Industrial. Apresenta também uma forte crítica ao fordismo, ao capitalismo e ao conceito de "um homem, um posto, uma tarefa".

Aproveite para pesquisar as técnicas motivacionais desenvolvidas para diminuir os problemas relacionados à especialização do trabalho (como a repetição contínua de poucas atividades), conhecidas como job enrichment *(enriquecimento),* job enlargement *(ampliação da tarefa) e* job rotation *(rodízio).*

2 Gestão da demanda

Conteúdos do capítulo:
- *Definição de gestão da demanda.*
- *Apresentação dos métodos qualitativos e quantitativos de previsão de demanda.*
- *Noções de erro de previsão.*

Após o estudo deste capítulo, você será capaz de:
1. *identificar o comportamento da demanda ao longo do tempo;*
2. *analisar a adequação do método de previsão de demanda;*
3. *realizar a previsão de demanda baseando-se em métodos qualitativos ou quantitativos.*

2.1 Introdução à previsão da demanda

Demanda é o desejo ou a disposição dos clientes para consumirem bens e serviços. A previsão de demanda utiliza técnicas e métodos científicos para as áreas de previsão de vendas, processamento de pedidos e acompanhamento do atendimento ao cliente com o objetivo de organizar e tabular informações para o processo de tomada de decisão gerencial. Sempre necessitamos saber a quantidade de produtos e serviços que a empresa planeja vender no futuro, pois essa expectativa é o ponto de partida para muitas decisões gerenciais, como planejamento da produção, do financeiro e do *marketing*. A habilidade de influenciar a demanda é caracterizada pela gestão da demanda e está ilustrada no Quadro 3.3 do próximo capítulo.

As vendas podem depender de muitos fatores, como: crescimento vegetativo da população, situação econômica mundial, movimentos de mercados, esforços para aumentar o *market share* empresarial e os ganhos reais de salário, entre outros. Por outro lado, fatores como preço, disponibilidade do produto, *marketing* e atuação da concorrência influenciam a demanda e dificultam sua previsão.

A previsão de demanda é essencial para o planejamento dos sistemas produtivos, pois nos auxilia com informações para a realização do planejamento e controle da produção (PCP), conforme mostra a Figura a seguir.

Figura 2.1 – Previsão de demanda e PCP

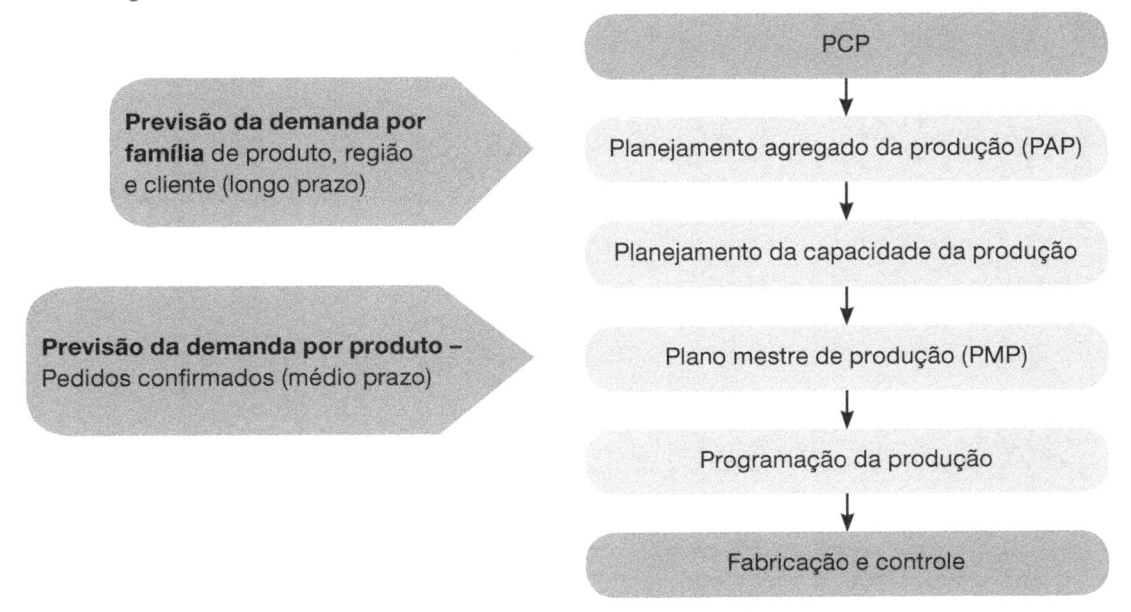

No início do fluxograma, calculamos a demanda de longo prazo por **família de produtos** (ex.: televisores), **clientes e regiões** para a realização do planejamento agregado da produção (PAP), que será detalhado no Capítulo 5. O plano de produção resultante do PAP nos serve de base para o planejamento inicial da capacidade de produção. Na sequência, a previsão da demanda é desagregada por **produtos** (ex.: televisores 33", 40", 42" e 50") e, com a carteira de pedidos confirmados, alimenta o plano mestre de produção (PMP). Nele, são feitos a programação e os estudos de capacidade de curto prazo, que são finalizados com a programação das ordens de produção (OPs).

A previsão da demanda, por mais simples que seja, sempre é necessária. Por meio dela é que iniciamos o PCP. A previsão deve fornecer também informações por produto e por regiões, quando possível. Para Chopra e Meindl (2003), a previsão da demanda é a base para todas as decisões estratégicas e de planejamento em uma cadeia de suprimentos.

Previsão de demanda ou de vendas é um processo racional de busca de informações acerca do valor das vendas futuras de um item ou de um conjunto de itens.

Fonte: Slack; Charbers; Johnston, 2009, grifo nosso.

A previsão de demanda de um produto ou de uma matéria-prima forma **modelos** de diversos tipos constantes ou sem tendência (Gráfico 2.1), com sazonalidade (Gráfico 2.2), com tendência crescente ou decrescente (Gráfico 2.3) e sazonal com tendência (Gráfico 2.4). Pontos isolados e mudanças bruscas na demanda não são previsíveis e, portanto, devemos desconsiderá-los na escolha das técnicas de previsão.

Gráfico 2.1 – Modelo sem tendência

Gráfico 2.3 – Modelo com tendência

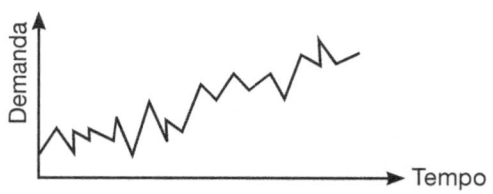

Gráfico 2.2 – Modelo sazonal

Gráfico 2.4 – Modelo sazonal com tendência

Observe que a **sazonalidade** pode acontecer em diferentes frequências, como diária (ex.: restaurantes), semanal (ex.: cinemas), mensal (ex.: bancos).

2.2 Técnicas de previsão

Para realizarmos uma previsão de demanda, existem várias técnicas disponíveis que, em princípio, podem ser usadas em qualquer circunstância, dependendo apenas de alguns fatores, como disponibilidade de dados, tempo e recursos e horizonte de previsão.

Observe na Figura 2.2 o que as técnicas de previsão pressupõem.

Figura 2.2 – Pressupostos das técnicas de previsão

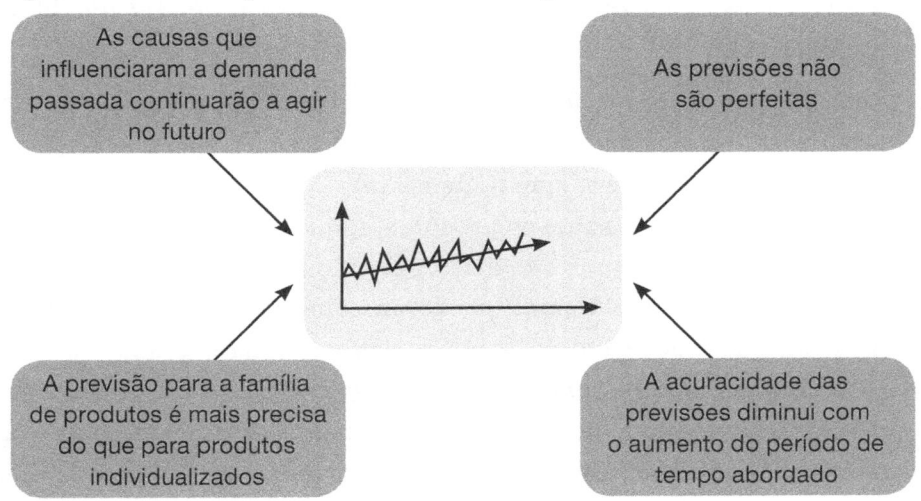

- As causas que influenciaram a demanda passada continuarão a agir no futuro
- As previsões não são perfeitas
- A previsão para a família de produtos é mais precisa do que para produtos individualizados
- A acuracidade das previsões diminui com o aumento do período de tempo abordado

As técnicas de previsão de demanda podem ser classificadas em **qualitativas** ou **quantitativas**, apresentando características conforme ilustrado no quadro a seguir.

Quadro 2.1 – Classificação das técnicas de previsão

Qualitativas	Quantitativas
• Privilegiam dados qualitativos. • Baseiam-se em opiniões e julgamentos de pessoas-chave. • São usadas quando não se tem tempo para pesquisar dados ou quando da introdução de um produto novo. • Têm panorama econômico instável.	• Privilegiam modelos matemáticos para projetar a demanda futura. • Baseiam-se em séries temporais e em correlações. • Incluem análise numérica de dados passados.

2.2.1 Métodos qualitativos

Os métodos qualitativos baseiam-se no julgamento e na experiência de pessoas que podem, pelas próprias características e pelos conhecimentos que têm, emitir opiniões sobre eventos futuros de interesse. Nesse sentido, podemos perceber que o uso do julgamento pessoal não se restringe de forma alguma às previsões da demanda, podendo ser usado também para analisar movimentos do comércio internacional, rumos da tecnologia, tendências de novos produtos, futuras condições econômicas e políticas etc. De acordo com Moreira (2008), entre os métodos qualitativos, destacam-se:

- **Opinião de executivos** – Um grupo (geralmente pequeno) de altos executivos da empresa se reúne para desenvolver, em conjunto, uma previsão. Esse grupo é constituído por representantes das áreas de *marketing*, finanças, produção etc.

- **Opinião da força de vendas** – Desenvolver previsões com base na opinião de envolvidos diretamente com as vendas pode ser uma boa alternativa. Essas pessoas estão em constante contato com o mercado e com as percepções dos clientes sobre os produtos. Alguns problemas podem aparecer, como os vendedores não distinguirem muito bem o que os clientes desejam das metas de vendas que devem atingir ou também serem muito influenciados por eventos de um passado recente: se as vendas forem boas, a tendência é superestimar a demanda; se têm sido ruins, a tendência é subestimá-las. Além de tudo, nos casos em que as previsões são usadas para fixar cotas mínimas de vendas para cada vendedor ou equipe de vendedores, cria-se uma evidente situação de interesse por parte destes, na qual é mais vantajoso projetar estimativas de baixa demanda.

- **Pesquisas com consumidores** – A lógica de levantar a opinião dos consumidores está no fato de que, na prática, são eles que determinam a demanda. Muito frequentemente, o número de consumidores potenciais é excessivo para que se pesquise a opinião de cada um deles em particular. Nesses casos, procede-se com amostragens representativas, conduzindo-se o que se chama comumente de *pesquisa de mercado*. Essas pesquisas podem ser terceirizadas e exigem, muitas vezes, recursos financeiros elevados.

- **Método Delphi** – Consiste na reunião de um grupo de pessoas que deve opinar sobre certo assunto, de acordo com regras predeterminadas para a coleta e a depuração das opiniões. Envolve geralmente situações de longo prazo, em que dados são escassos ou mesmo inexistentes, sendo o julgamento pessoal uma das poucas alternativas abertas à previsão. Aliás, o nome *Delphi* deriva do Oráculo de Delfos, na Grécia, que supostamente tinha condições de prever eventos. O comitê Delphi é formado inicialmente pelas pessoas que participarão do processo. Esses participantes, evidentemente, são especialistas no assunto ou em assuntos correlatos. Para que uma personalidade não se sobreponha à outra, as opiniões são expressas independentemente, por exemplo, por meio de um questionário preestabelecido. Um sumário das opiniões é então preparado e distribuído ao grupo, dando-se atenção particular às opiniões significativamente divergentes da média do grupo. Pergunta-se aos participantes se desejam rever suas previsões, considerando os novos resultados. Esse procedimento é repetido algumas vezes até que o grupo chegue a opiniões convergentes. Esse consenso, quando possível, é atingido por volta da terceira ou quarta rodada do método.

Observe que, no **método Delphi**, não utilizamos a maioria ou as médias, mas sim o consenso.

2.2.2 Métodos quantitativos

Os métodos quantitativos dividem-se em temporais e causais.

Séries temporais

Exigem o conhecimento de valores históricos da demanda (ou, de forma geral, da variável que se quer). O termo *série temporal* indica apenas uma coleção de valores da demanda tomados em instantes específicos de tempo, geralmente com igual espaçamento. A expectativa é de que o padrão observado nos valores passados nos forneça informação adequada para a previsão de valores da demanda. É um método simples e usual que oferece bons resultados e divide-se em:

- **Média móvel simples** – O valor da previsão é igual à média das demandas históricas conhecidas. Podemos trabalhar com todas as demandas passadas conhecidas ou somente com uma parte delas.

$$\hat{X}_t = \frac{\sum_{i=1}^{n} X_{t-i}}{n}$$

Em que:
- $\hat{X}_t$ = demanda prevista para o período *t*;
- X_{t-i} = valor real ocorrido no período imediatamente anterior a *t*;
- n = número de períodos que se incluem na média.

Observe que um *n* parcial (ex.: três períodos) pode detectar mais facilmente uma mudança na curva da demanda.

Exemplo 1

Observe a tabela a seguir e calcule a previsão de demanda para o mês de agosto considerando n = 3, n = 5 e n = 7.

Jan.	Fev.	Mar.	Abr.	Maio	Jun.	Jul.	Ago.
100	120	110	90	80	70	75	?

n = 3 $\hat{X}_t$ = (80 + 70 + 75)/3 = 75
n = 5 $\hat{X}_t$ = (110 + 90 + 80 + 70 + 75)/5 = 85
n = 7 $\hat{X}_t$ = (100 + 120 + 110 + 90 + 80 + 70 + 75)/7 = 92,14

- **Média móvel ponderada simples** – O valor da previsão é igual à média ponderada de demandas históricas. A diferença entre esse método e o da média móvel simples é que agora consideramos um peso maior para o último período de demanda, um peso ligeiramente menor para o penúltimo período e assim por diante, até o último período utilizado para a estimativa (*n*).

$$\hat{X}_t = \frac{\sum_{i=1}^{n} c_i X_{t-i}}{n} \quad c_i - \text{Peso dado ao valor real} \sum_{i=1}^{n} c_i = n$$

Observação: Esse método adapta-se a padrões de demanda crescentes e decrescentes. O maior peso aplicado a valores mais recentes torna-os de efeito superior aos demais.

Exemplo 2

Para os dados do Exemplo 1, calcule a demanda para o mês de agosto, considerando n = 5, sendo c_1 = 3, c_2 = 1, c_3 = 0,6, c_4 = 0,3 e c_5 = 0,1.

Para n = 5 $\hat{X}_t$ = ((110 × 0,1) + (90 × 0,3) + (80 × 0,6) + (70 × 1) + (75 × 3))/5 = 76,20

- **Média exponencial móvel** – Esse método considera o último valor previsto e o último valor real. Baseia-se na média móvel com suavização exponencial e uma variação da média móvel ponderada, que também deve ser aplicada apenas para demandas que não apresentem tendência nem sazonalidade. Adota-se um peso ou coeficiente de ponderação que se eleva exponencialmente quanto mais recentes são os períodos.

$$\hat{X}_t = \hat{X}_{t-1} + \alpha \times (X_{t-1} - \hat{X}_{t-1})$$

Em que:
- $\hat{X}_{t-1}$ = valor previsto do período anterior;
- X_{t-1} = valor real do período anterior;
- α = constante ou coeficiente de suavização.

Observação: Para a utilização inicial do método da média exponecial móvel, necessitamos arbitrar o valor da previsão inicial e da constante de suavização. O coeficiente de suavização *a* é fixado pelo analista em uma faixa que varia de 0 a 1. Quanto maior for seu valor, mais rapidamente o modelo de previsão reagirá a uma variação real da demanda (Tubino, 2007).

Exemplo 3

Para os dados do Exemplo 1, calcule a demanda para o mês de agosto, aplicando o método da média exponencial móvel. Use α = 0,3, α = 0,05 e $\hat{X}_{t-1}$ = 70 (valor previsto no período anterior).

Para α = 0,3

$$X_t = \hat{X}_{t-1} + α \times (X_{t-1} - \hat{X}_{t-1})$$

Sendo $\hat{X}_t$ = 70 + 0,3 × (75 − 70) = 71,50

Para α = 0,05

$$\hat{X}_t = \hat{X}_{t-1} + α \times (X_{t-1} - \hat{X}_{t-1})$$

Sendo $\hat{X}_t$ = 70 + 0,05 × (75 − 70) = 70,25

Métodos causais

A demanda de um item ou conjunto de itens é relacionada a uma ou mais variáveis internas ou externas à empresa. Essas variáveis são chamadas *variáveis causais*. O que determina a escolha de uma variável causal particular é sua ligação lógica (causal) com a demanda. Se tivermos uma boa estimativa desse valor, será possível obter a projeção desejada para um produto ou grupo de produtos (ex.: relação calor/consumo de sorvete). Esse método nos permite realizar a previsão de mais de um período, pois tem como premissa a suposição de que o sistema de causas passado continuará operando no futuro, permitindo a tendência.

Entre os modelos causais, um dos mais populares é a regressão da demanda sobre a(s) variável(eis) causal(ais). Nessa regressão, tentamos descobrir, utilizando pares de valores da demanda e das variáveis causais, alguma relação que as ligue, expressa por uma equação matemática. Tem-se:

- **Regressão simples** – É o caso em que se considera a demanda ligada a apenas uma variável causal.
- **Regressão múltipla** – É o caso em que são consideradas duas ou mais variáveis causais supostamente ligadas à demanda. Na análise de regressão, sempre que as demandas históricas se apresentarem de forma alongada, com ou sem tendência, podemos encontrar a equação de uma linha reta que apresente a propriedade de ter a somatória das distâncias dos pontos de demandas entre si como a mínima possível. A equação básica de uma linha reta que expresse a demanda em função do tempo é $Y = a + b\,x$. Os valores de b e a são obtidos por meio das equações:

$$b = \frac{n(\Sigma xy) - (\Sigma x)(\Sigma y)}{n(\Sigma x^2) - (\Sigma x)^2} \qquad a = \frac{\Sigma y - b(\Sigma x)}{n}$$

Exemplo 4

Para calcularmos os parâmetros da linha de regressão, podemos usar a Tabela 2.1 e o Gráfico 2.5, que representam o mês e as vendas previstas.

Tabela 2.1 – Equação da reta

Mês (X)	Demanda (Y)	ΣX	ΣX^2	XY	Valor previsto na equação da reta	Erro
1	50	1	1	50	48,4	1,6
2	51	3	5	102	51,1	−0,1
3	48	6	14	144	53,9	−5,9
4	60	10	30	240	56,6	3,4
5	60	15	55	300	59,3	0,7
6	66	21	91	396	62,1	3,9
7	59	28	140	413	64,8	−5,8
8	70	36	204	560	67,5	2,5
9	68	45	285	612	70,2	−2,2
10	74	55	385	740	73,0	1,0
11	79	66	506	869	75,7	3,3
12	76	78	650	912	78,4	−2,4
Σ	761	–	–	5.338	–	–

Gráfico 2.5 – Gráfico das previsões

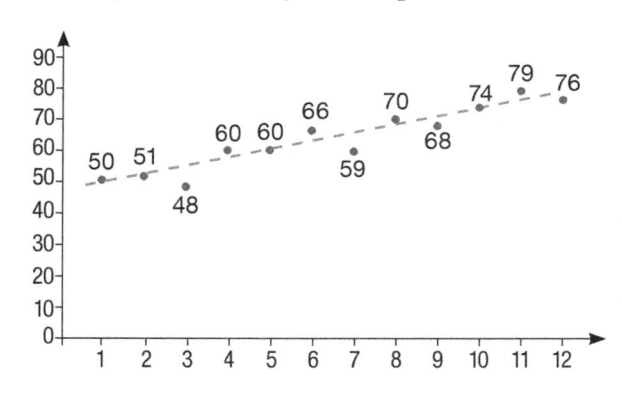

$$b = \frac{n\,(\Sigma xy) - (\Sigma x)(\Sigma y)}{n\,(\Sigma x^2) - (\Sigma x)^2}$$

$$a = \frac{\Sigma y - b\,(\Sigma x)}{n}$$

$$b = \frac{12 \times 5.338 - 78 \times 761}{12 \times 650 - 78 \times 78} = \frac{4.698}{1.716} = 2{,}73$$

$$a = \frac{761 - 2{,}73 \times 78}{12} = 45{,}67$$

$$y = 45{,}67 + 2{,}73x$$

2.3 Erros de previsão

Observe na Tabela 2.2 os valores previstos na linha reta e os valores de demanda real. A diferença entre os dois são erros de previsão.

Tabela 2.2 – Erros de previsão

Mês (x)	Demanda (Y)	Previsto (reta)	Erro
1	50	48,40	1,6
2	51	51,13	–0,13
3	48	53,86	–5,86
4	60	56,59	3,41
5	60	59,32	0,68
6	66	62,05	3,95
7	59	64,78	–5,78
8	70	67,51	2,49
9	68	70,24	–2,24
10	74	72,97	1,030
11	79	75,70	3,30
12	76	78,43	–2,43
Σ	–	–	**0,02**

Erros de previsão devem ser monitorados para garantir a adequação do método. Métodos em que o somatório dos erros converge para zero (exatidão) e estão dentro do limite de ± 3σ (precisão) são considerados métodos sob controle (Gráfico 2.6). A Tabela 2.2 mostra que os erros de previsão estão dentro dos limites de controle. Nesse caso, devemos verificar se os erros encontrados são adequados ao objetivo da previsão.

Gráfico 2.6 – Limites de controle dos erros de previsão

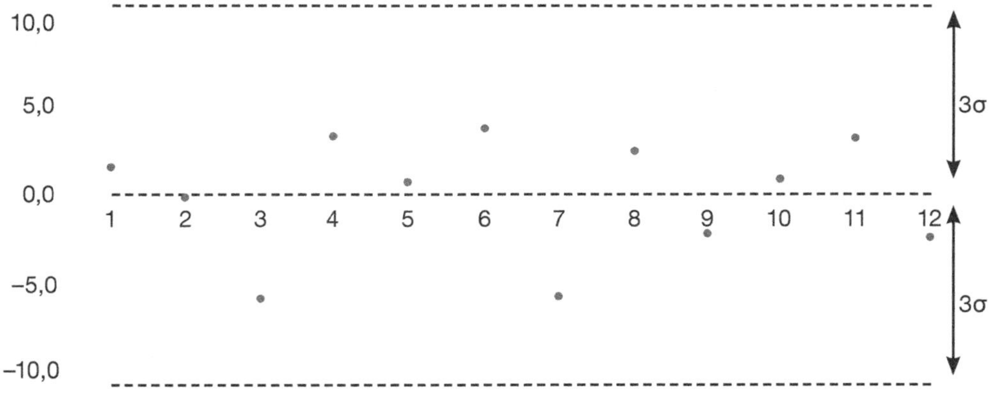

Existe um método mais adequado para a previsão, dado um horizonte de planejamento?

Sim. O melhor método é aquele que nos fornece os valores mais exatos e precisos entre a previsão e a demanda real. Os métodos qualitativos e causais adaptam-se melhor às previsões de médio e longo prazos, enquanto as séries temporais, particularmente pelos métodos das médias, são mais adequadas às previsões em curto prazo. Qualquer que seja o caso, porém, precisamos testar vários modelos até encontrar o mais adequado ao caso específico que estamos analisando. Como medida de cautela posterior, dado um método já escolhido, devemos sempre mantê-lo sob controle, por meio das formas já tratadas, para podermos efetuar correções no menor prazo possível.

Os meios para fazermos uma previsão podem ser completamente subjetivos ou empíricos. A previsão não é uma ciência exata – baseia-se na experiência do planejador. A precisão obtida nas previsões tem um custo que deve ser menor que a economia gerada com a redução do erro. As previsões não são isentas de erros, mas a previsão para grupo de produtos é mais precisa que para produtos individuais. As melhores previsões são as obtidas diretamente dos clientes.

■ Síntese

A gestão da demanda é o ponto inicial para o planejamento da produção. Com uma previsão coerente, podemos melhorar o atendimento aos clientes e reduzir os estoques. Neste capítulo, apresentamos os principais conceitos relativos à gestão da demanda, assim como os métodos qualitativos e quantitativos para obtermos uma previsão. Também mostramos a importância do monitoramento das previsões com base em erros.

■ Questões para revisão

1. Que razões obrigam o PCP a entender o modelo de previsão da demanda?

2. Descreva o método Delphi.

3. Desenvolva um passo a passo para a previsão de vendas de uma empresa com três vendedores e doze produtos (P) baseando-se em métodos qualitativos (previsão dos próprios vendedores para o trimestre) e quantitativos (média dos últimos três meses). Os valores estimados não devem ter um erro maior que 10% em relação aos valores reais.

4. A respeito dos modelos de previsão de demanda, relacione as colunas a seguir:

    1. Modelo sem tendência
    2. Modelo de tendência ciclíca
    3. Modelo de tendência não linear
    4. Modelo de tendência de sazonalidade

    ( ) Comportamento que oscila ou flutua em períodos não determinados, como inflação ou preço de ações de mercado.
    ( ) Comportamento que tem variações com flutuações que se repetem em períodos determinados.
    ( ) Tendência que apresenta uma demanda relacionada a funções não lineares, como um função exponecial, que pode apresentar rápidos crescimentos de demanda ou decrescimento.
    ( ) Demanda que não apresenta alterações drásticas e permanece constante ao longo do tempo. Também pode ser enquadrada em tendência linear com inclinação nula.

    Assinale e alternativa que apresenta a sequência correta:
    a. 2, 4, 3, 1.
    b. 1, 4, 3, 2.
    c. 2, 4, 1, 3.
    d. 3, 2, 1, 4.

5. Uma fábrica de discos de vinil (LPs), em 1994, sentindo que o mercado estava mudando para CDs, resolveu elaborar uma previsão de vendas baseada no ajustamento de uma reta (regressão linear) com os dados de vendas de 1983 a 1993. Você acredita que o método é confiável? Analise, segundo os conceitos de Laugeni e Martins (2005).

6. Um produto em franca expansão no mercado teve como previsão a seguinte reta: Y = 1.004 − 3,79x. Verifique se essa previsão é correta.

7. Um produto industrial teve as seguintes vendas:

Mês	1	2	3	4	5	6
Vendas	340	355	365	375	390	401

Determine:

I. os valores da reta de regressão linear;

II. a previsão para os períodos 7, 8 e 9.

Assinale a alternativa que apresenta as respostas corretas:

    a. I. b = 21; a = 343; y = 343 + 12x.
       II. 7 = 452; 8 = 487; 9 = 490.

    b. I. b = 12; a = 329; y = 329 + 12x.
       II. 7 = 452; 8 = 487; 9 = 490.

    c. I. b = 12; a = 329; y = 329 + 12x.
       II. 7 = 423; 8 = 425; 9 = 437.

    d. I. b = 21; a = 343; y = 343 + 12x.
       II. 7 = 423; 8 = 425; 9 = 437.

■ Questões para reflexão

1. Como as empresas estão eliminando as incertezas associadas à previsão da demanda?

2. Como se avalia um método de previsão?

3. Cite três motivos que podem levar uma previsão a exceder os limites de controle estabelecidos, ocasionando erro.

■ Para saber mais

■ Livro

HYNDMAN, J. R.; MAKRIDAKIS, G. S.; WHEELWRIGHT, S. C. **Forecasting**: Methods and Applications. New York: John Wiley, 1998.

Essa obra é conhecida como a "Bíblia" da previsão de demanda. O livro detalha os principais métodos e técnicas de previsão utilizados pelos gestores de negócios atualmente. Também discute a necessidade de conhecimento de mercado e da sua organização, pois uma previsão acurada requer mais do que a simples montagem de modelos de dados históricos.

■ Curso

NPTEL – National Programme on Technology Enhanced Learning. **YouTube**. Disponível em: <https://www.youtube.com/user/nptelhrd>. Acesso em: 8 set. 2015.

O Programa Nacional de Tecnologia Avançada de aprendizagem da Índia (National Programme on Technology Enhanced Learning – NPTEL) oferece vários cursos gratuitos via YouTube. Entre eles, podemos encontrar o de Operations and Supply Chain Management, ofertado pelo professor G. Srinivasan, apresenta estudos sobre controle e previsão de demanda. As aulas são parcialmente independentes, em inglês e com duração média de 50 minutos.

3 Gestão da capacidade

Conteúdos do capítulo:
- *Conceituação de gestão da capacidade.*
- *Definição dos tipos de capacidade.*
- *Apresentação dos fatores condicionantes do planejamento da capacidade.*
- *Formas de ajustar a capacidade à demanda.*
- *Importância das decisões sobre a capacidade.*
- *Detalhamento do cálculo da capacidade para um mix de produtos.*
- *Apresentação da capacidade em longo, médio e curto prazos.*

Após o estudo deste capítulo, você será capaz de:
1. *calcular a capacidade produtiva de acordo com os tipos de capacidade;*
2. *identificar os fatores condicionantes em um planejamento da capacidade;*
3. *aplicar diferentes alternativas de alinhamento da capacidade à demanda;*
4. *calcular a capacidade de um mix de produção.*

3.1 Introdução à gestão da capacidade

Estudos de capacidade acompanham as etapas do planejamento e controle de produção (PCP), verificando a viabilidade quantitativa dos planos de negócio, do plano mestre de produção (PMP) e do programa de produção, como ilustrado na Figura 3.1. Depois do ajuste do PMP, analisamos a carga máquina e a carga mão de obra nos recursos críticos da produção. As análises desses estudos propõem decisões e ajustes de capacidade em longo, médio e curto prazos. Os objetivos da gestão da capacidade são a disponibilidade e a utilização eficiente da capacidade.

Figura 3.1 – Gestão da capacidade no PCP

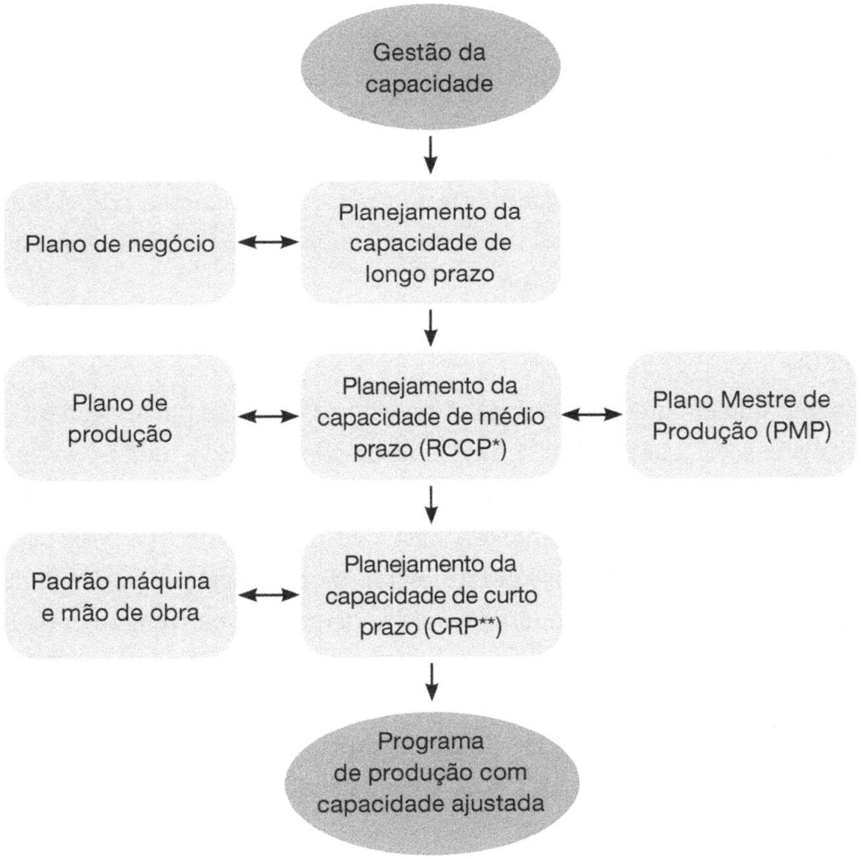

* Rough cut capacity planning.

** Capacity requirements planning.

Capacidade refere-se à quantidade máxima de produtos e serviços que podemos produzir – em uma fábrica, uma loja, um hospital, um banco etc. – em dado intervalo de tempo.

Exemplo 1

Se em determinado departamento de pintura de uma empresa houver 10 funcionários, cada um trabalhando 8 horas diárias, realizando a pintura de uma peça à razão de 20 pinturas por hora e por empregado, a capacidade do departamento expressa em número de pinturas por dia será:

10 funcionários × 8 horas/dia × 20 pinturas/horas/empregado = 1.600 pinturas/dia

Nesse caso, a taxa de mão de obra será:

20 peças/hora = de 0,05 (1/20) horas/unidade

Muitas empresas operam abaixo de sua capacidade máxima de processamento, de forma que a operação possa responder rapidamente a um novo pedido, seja porque a demanda é insuficiente para "completar" sua capacidade, seja por uma política deliberada. Essas organizações encontram-se com algumas partes de sua operação funcionando abaixo de sua capacidade, enquanto outras partes estão em sua capacidade máxima. As partes que estão trabalhando em sua capacidade máxima são as **restrições de capacidade** de toda a operação; as demais trabalham com **ociosidade**.

Exemplo 2

Vamos supor que um grande supermercado varejista ofereça um serviço de embalagens para presentes que, em épocas normais do ano, atende a toda a demanda sem atrasos indevidos. No período de Natal, entretanto, a demanda por embalagens para presentes aumenta proporcionalmente, muito mais que o número geral de clientes da loja como um todo. A menos que recursos extraordinários sejam providenciados para aumentar a capacidade dessa operação, ela poderá restringir a capacidade de toda a loja. Em outro caso, uma loja pode estar dimensionada para atender a 200 clientes em média por dia, mas atende de fato a apenas 120. Neste último caso, dizemos que o uso da capacidade é de 60% (120/200 × 100 = 60%) ou, ainda, que a loja está operando com ociosidade, ou seja, a 60% de sua capacidade.

3.2 Tipos de capacidade

Segundo Slack, Chambers e Johsnston (2009), são vários os tipos de capacidade, a saber:

- **Capacidade estática** – É a capacidade máxima expressa em volume ou quantidade (unidade, peso, litros) sem considerar o tempo.
- **Capacidade instalada** – Refere-se ao limite de produção ou à capacidade produtiva máxima alcançada em um período de tempo (ex.: 24 horas). É a quantidade máxima de unidades de produtos que uma máquina ou um conjunto de equipamentos instalados é capaz de produzir em certo período.
- **Capacidade disponível ou de projeto** – Refere-se à capacidade teórica ou ideal de uma unidade produtiva projetada, operando sem perdas. Não considera perdas programadas, como tempo de *setup**, transporte, alimentação, manutenção, entre outras.
- **Capacidade efetiva** – Refere-se à capacidade máxima considerando-se as perdas programadas.

> Capacidade efetiva = capacidade de projeto – perdas programadas

- **Capacidade real ou realizada** – É a produção obtida em determinado período considerando-se todas as perdas. Incluem-se as perdas por falta de qualidade, quebras de máquinas, entre outros.

Podemos medir a capacidade por meio da **produção** (quantidades/tempo) ou dos **recursos** (capacidade estática), conforme vemos nos quadros 3.1 e 3.2. Enquanto a primeira é mais utilizada para produtos, a segunda é mais utilizada para serviços.

* Tempo de troca de ferramenta ou *setup* é o tempo decorrido entre a produção da última peça de um item *A* até a produção da primeira peça boa de um item *B*.

Quadro 3.1 – Exemplos de capacidade instalada

Sistema produtivo	Medida de capacidade instalada (Unidade/tempo)
Montadora de automóveis	250 carros/dia ou 90 mil carros/ano
Refinaria de petróleo	200 mil barris de petróleo/dia
Fabricantes de fogão	8 mil fogões/dia
Plantadora de soja (grãos)	1 milhão de toneladas/ano

Quadro 3.2 – Exemplos de capacidade estática

Sistema produtivo	Medida de capacidade estática
Hospital	50 leitos
Centro de convenções	10 mil visitantes
Companhia aérea	100 voos/dia
Universidade	4 mil vagas/ano

Conforme vimos no Capítulo 1, a utilização da capacidade ou do rendimento e a eficiência são definidas como:

$$\text{Utilização} = \frac{\text{volume de produção real}}{\text{capacidade de projeto}}$$

$$\text{Eficiência} = \frac{\text{volume de produção real}}{\text{capacidade efetiva}}$$

Um conceito moderno para medirmos a eficiência produtiva considerando todas as perdas é a **eficiência global dos equipamentos**, cuja sigla *OEE* vem do inglês *overall equipment effectiveness*. O índice OEE é composto por três indicadores relacionados às seis grandes perdas propostas por Nakajima (1988), que reduzem a eficiência de um equipamento, estratificadas em perdas de disponibilidade, velocidade e qualidade. Assim:

$$\text{OEE} = \text{disponibilidade (\%)} \times \text{desempenho (\%)} \times \text{qualidade (\%)}$$

Por trabalhar com as principais perdas, a gestão de OEE busca um aumento da capacidade do equipamento. Por esse motivo, recomenda-se focar o monitoramento da OEE nos gargalos da planta, permitindo que o rendimento do equipamento monitorado melhore o rendimento de toda a planta.

Exemplo 2 (cálculo de OEE)

Se uma máquina opera 6 horas do turno, cujo total é de 8 horas, sua disponibilidade será de 75%. Nessas 6 horas, ela opera com 80% da sua velocidade (desempenho = 80%) e produz 10% de rejeição (qualidade = 90%). Então, a eficácia geral (OEE) desse equipamento será: (0,75 × 0,80 × 0,90) = 0,54 ou 54%.

É comum encontrarmos empresas brasileiras que apresentam várias máquinas com OEE abaixo de 50%. Nesses casos, é possível duplicar a capacidade de produção sem comprar novos equipamentos, eliminando perdas e aumentando a eficiência dos equipamentos existentes.

3.3 Fatores condicionantes do planejamento da capacidade

Existem muitos fatores dos quais depende a capacidade de um sistema produtivo. A **teoria dos gargalos ou das restrições** – que estudaremos melhor no Capítulo 9 – postula que a capacidade total de uma empresa é determinada pelo seu gargalo, ou seja, pelo recurso (setor, máquina, grupo de pessoas, departamento) de menor capacidade, como representado no Gráfico 3.1 pela letra *D*. Em outras palavras, a força total de tração de uma corrente é igual à força máxima que seu elo mais fraco pode suportar.

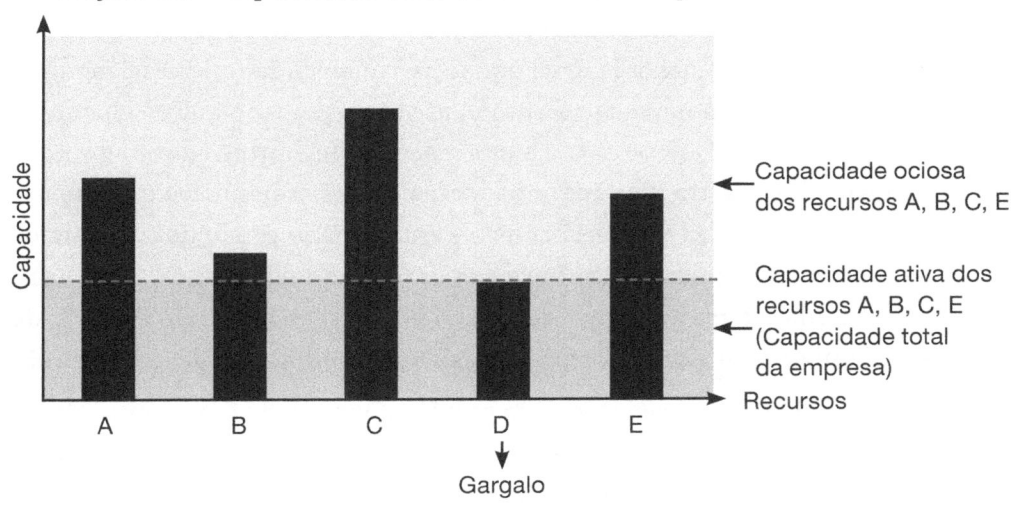

Gráfico 3.1 – Capacidade total de uma unidade produtiva

Se quisermos aumentar a capacidade de uma organização, devemos maximizar a capacidade do recurso gargalo, fator determinante da capacidade total do sistema. Nesse caso, a capacidade total do sistema produtivo será aumentada com o novo gargalo.

Observe que, muitas vezes, a empresa não tem recursos financeiros para aumentar a capacidade de seu gargalo. Nesse caso, recomendamos que ela trabalhe com seu equipamento ou máquina gargalo sem interrupções, ou seja, que sempre tenha um operador disponível para revezar nos intervalos de almoço, paradas e inícios de turno. Recomendamos, ainda, posicionar um "pulmão" (ou estoque) antes do gargalo para que este não fique parado à espera de peças ou matéria-prima, conforme estudaremos no item 9.2, Capítulo 9.

Além do recurso gargalo, existem também os chamados **recursos críticos** no planejamento da capacidade, como aqueles que:

- executam uma tarefa de difícil subcontratação;
- consistem em ferramentas ou dispositivos necessários para produzir vários outros produtos;
- exigem funcionamento contínuo ou tempos de preparação muito longo.

Além dos recursos críticos, podemos observar outros fatores que influenciam diretamente na capacidade, como os apontados por Moreira (2008):

- **Instalações** – O tamanho da unidade produtiva é, obviamente, importante. Sempre que possível, ao projetarmos a unidade, tentamos prever áreas para expansões futuras. Quando a empresa encontra-se em face das opções de contar com uma unidade grande *versus* algumas unidades menores, alguns comentários são úteis. Em primeiro lugar, unidades maiores em geral custam proporcionalmente menos que unidades menores. Será provavelmente mais barato construir uma unidade grande que duas ou três unidades menores, com a mesma capacidade total. Em segundo lugar, unidades maiores apresentam, até certo ponto, o que se chama de *economias de escala*, ou seja, custos menores pela produção em grandes quantidades. Existe uma regra de mercado que exemplifica a economia de escala: cada vez que duplicamos a quantidade produzida, os custos de fabricação tendem a diminuir em aproximadamente 20%. Por outro lado, unidades maiores apresentam desvantagens quando deixam de ser focalizadas e geram custos demasiados de administração e controle.

- ***Mix* de produtos ou de serviços** – Em geral, a diversidade de produtos reduz a capacidade. Produtos mais padronizados (uniformes) dão oportunidade para padronização de métodos e materiais, reduzindo tempos de operação e aumentando a capacidade. Produtos diferentes podem exigir constantes preparações das máquinas, o que as deixa paradas por algum tempo e, assim, reduzem a produção. Essa situação não é diferente para os serviços. Os restaurantes do tipo *fast-food* são um bom exemplo de padronização de serviços; já a automação bancária é um recurso decorrente da padronização de serviços bancários. Técnicas modernas para redução de tempo de preparação de máquinas (*setups*) permitem maior variedade de produtos*.

* A diminuição de *setups* será abordada novamente no Capítulo 8.

- **Projeto do processo** – Os processos de produção, em teoria, podem ser desde totalmente manuais (ex.: pintura de quadro ou fotografia artística) até totalmente automatizados (ex.: pintura e solda na indústria automotiva). O nível de automação do processo pode condicionar os níveis de capacidade de produção. Para o alcance de novos patamares de capacidade, exige-se a reestruturação do processo, o que em geral costuma acontecer com o aumento do nível de automação.

- **Fatores humanos** – Dadas certa quantidade e certa composição de recursos técnicos, a competência dos funcionários pode aumentar a capacidade. O corpo de funcionários é o que se costuma chamar de *capital humano* da organização. Este pode ser melhorado com treinamentos, aumento da habilidade e do conhecimento dos funcionários e experiência. Além disso, a motivação dos trabalhadores influencia diretamente a capacidade.

- **Fatores operacionais** – Os fatores operacionais relacionados à rotina de trabalho dos setores produtivos da empresa podem ser organizados de forma a conduzirem a capacidades maiores ou menores, ou que pelo menos facilitem ou dificultem o aproveitamento da capacidade existente ou potencial. Um exemplo de tais fatores operacionais são as capacidades dos próprios equipamentos: havendo diferenças sensíveis na capacidade de processamento de um equipamento ou setor para outro, observaremos que os mais lentos acabarão por determinar a velocidade e, por consequência, a capacidade dos demais. Outros problemas estão ligados à importação de máquinas e insumos, à qualidade desses insumos ou dos produtos acabados, à necessidade de inspeção de qualidade tanto de matérias-primas quanto de produtos acabados, à manutenção dos equipamentos etc.

- **Fatores externos** – Exigências externas podem condicionar a capacidade da unidade produtora (ex.: legislação antipoluição, altos padrões de qualidade exigidos pelos clientes etc.). A capacidade quantitativa, isto é, a quantidade máxima que uma empresa pode produzir, difere, muitas vezes, da capacidade qualitativa, ou seja, a capacidade de atender exigências ou especificações impostas pelo mercado. Usa-se o termo *capabilidade* (do inglês *capability*) para designar a capacidade de produzir dentro de limites de controle mais rigorosos que as especificações.

3.3.1 Alternativas para ajustar a capacidade e a demanda

Um dos grandes desafios da administração da produção e operações (APO) é equilibrar a capacidade produtiva com a demanda. Buscamos suprir os produtos e as quantidades demandados sem estoques desnecessários. O Quadro 3.3 apresenta alternativas para aproximarmos a capacidade da demanda e vice-versa conforme mostram Laugeni e Martins (2005).

Quadro 3.3 – Alternativas para influenciar a capacidade e a demanda

Capacidade	Demanda
Horas extras	Promoção
Horário flexível	Política de preços
Banco de horas	Propaganda
Subcontratação e importação	Descontos
Disponibilidade de recursos em tempo parcial	Formas de pagamento

Fonte: Laugeni; Martins, 2005.

3.4 Importância das decisões sobre a capacidade

Os estudos de mercado e a previsão da demanda em longo prazo alimentam as decisões sobre a capacidade da unidade produtiva necessária no futuro. Essas decisões influenciam diretamente o planejamento das instalações produtivas e, consequentemente, o planejamento das necessidades de mão de obra e equipamentos. Dessa forma, o efeito das decisões sobre a capacidade tomadas no presente acaba por se fazer sentir por muito tempo no futuro, ou seja, em longo prazo.

Outro aspecto importante é a relação entre **capacidade** e **custos operacionais**. Para entendermos melhor essa relação, precisamos, primeiro, compreender a natureza dos **custos** envolvidos no processo.

Os custos podem ser classificados de diversas maneiras. Quanto ao volume de produção, são classificados em fixos e variáveis. **Custos fixos** (Cfs) são os que não variam com aumento ou diminuição da produção (ex.: limpeza, salários, segurança, alimentação). **Custos variáveis** (CVs) são os que variam com o nível de produção ou atividades (ex.: matérias-primas, energia).

Se a cada momento a capacidade se igualar à demanda, não haverá excesso de custos. Esse excesso acontece quando a capacidade fica abaixo de demanda (ex.: horas extras) ou acima dela (ex.: estoques elevados). Lembremos que a demanda varia permanentemente. O **ponto de equilíbrio** (PE), representado no Gráfico 3.2, define a quantidade (q) de produção necessária para que o custo total (CT) seja igual ao faturamento. Ele representa a quantidade que devemos produzir para que a unidade produtiva deixe de ter prejuízo. Assim, temos que:

$$CT = Cf + CV$$

Em que:
- Cf = custo fixo;
- CV = custo variável.

Operar por muito tempo com uma capacidade excessivamente acima ou abaixo das necessidades do mercado aumenta os custos operacionais, o que pode ser evitado com uma análise criteriosa das necessidades de capacidade das instalações e de um plano racional de expansão.

Gráfico 3.2 – Ponto de equilíbrio (PE)

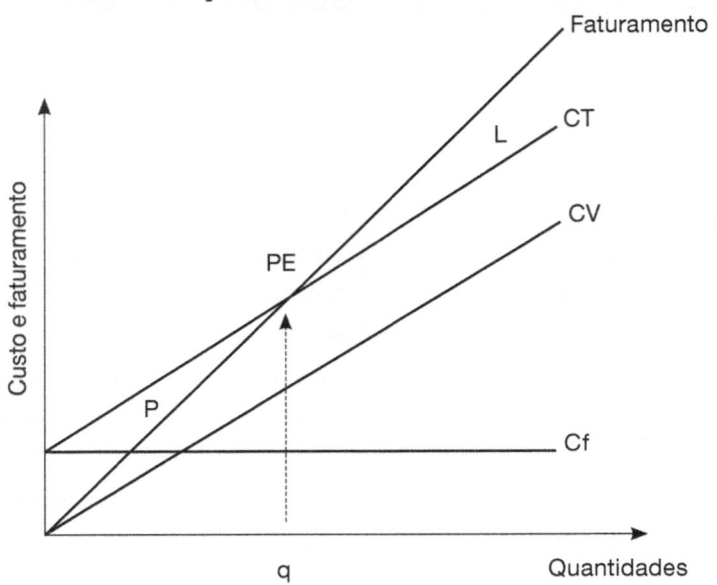

L = área de lucro
P = área de prejuízo
Cf = custo fixo
CT = custo total
CV = custo variável
PE = ponto de equilíbrio
Q = quantidade para atingir o PE

Fonte: Adaptado de Moreira, 2008, p. 144.

3.5 Cálculo da capacidade para *mix* de produção

O principal problema em relação à medição da capacidade não é sua incerteza, e sim sua complexidade. Somente quando a produção é altamente padronizada e repetitiva fica fácil definirmos a capacidade. Vamos supor que uma fábrica de televisores produza somente um modelo básico. A capacidade semanal poderia ser descrita como 2 mil televisores do modelo A. Já um departamento do governo pode ter a capacidade de imprimir e postar 500 mil formulários de impostos por semana. Em outras situações, não é tão fácil afirmar com precisão a capacidade de uma unidade produtiva, especialmente em casos em que exista uma grande variedade de produtos ou de processos, ou ambos.

Na prática, procuramos uma **unidade de produção** (UP) ou um **padrão de consumo** (ex.: tempo ou quantidade de produção, peso do produto, horas-homem/unidade) para relacionar produtos diferentes. Vamos tomar o exemplo fictício de um fabricante de garrafas e caixas térmicas, conforme mostra a Tabela 3.1. O fabricante produz diariamente 3.600 unidades com a capacidade equivalente de 7.500 UPs.

Tabela 3.1 – Unidade de produção equivalente

Produto	UP equivalente	Capacidade diária (un.)	Quantidade de UPs
Garrafa térmica 1 L	1 UP	1.000	1.000
Garrafa térmica 1,2 L	1,2 UP	1.000	1.200
Garrafa térmica 1,9 L	1,9 UP	1.000	1.900
Isotérmicos 4 L	4 UP	300	1.200
Isotérmicos 6 L	6 UP	200	1.200
Caixa térmica 50 L	10 UP	100	1.000
Capacidade em UPs	–	–	**7.500**

Multiplicando as UPs pelas respectivas quantidades desejadas, podemos consolidar as necessidades de capacidade de produção para determinado período.

3.6 Análise da capacidade no tempo

Conforme vimos na Figura 3.1, realizamos três planejamentos de capacidade durante o PCP. O primeiro refere-se ao plano de negócio da empresa, isto é, à previsão sobre a quantidade de produtos (ex.: carros de plataforma média) que ela pretende produzir e comercializar nos próximos anos (ex.: 5 a 20 anos). As decisões de capacidade para atender a essa demanda são caracterizadas por alto risco e longo prazo. Frazier e Gaither (2001) apresentam formas de aumentar e reduzir a capacidade de longo prazo, vistas no quadro a seguir.

Quadro 3.4 – Expansão e redução da capacidade de longo prazo

Expansão da capacidade
Desenvolver e subcontratar novos fornecedores
Adquirir novas empresas, instalações (recursos) e tecnologias
Expandir, atualizar e modificar instalações existentes
Importação de produtos e componentes
Redução da capacidade
Desativar e vender instalações e recursos
Diminuir recursos humanos

Fonte: Adaptado de Frazier; Gaither, 2001, p. 122.

Para exemplificarmos a lógica do planejamento de longo prazo, podemos observar a Figura 5.1 (Capítulo 5) aplicado ao planejamento agregado de produção (PAP). O **planejamento de capacidade de médio prazo**, conhecido pela sigla **RCCP** (do inglês *rough cut capacity planning*), ocorre durante a realização do PMP, por produto. O RCCP é um módulo do planejamento de recursos de manufatura que identifica sobrecargas (excessos) ou subcargas (ociosidade) nos períodos do PMP (ex.: semanalmente). Nesses casos, o PMP é ajustado, antecipando ou postergando as quantidades a serem produzidas de cada produto nos períodos de programação. No Capítulo 5, estudaremos um exemplo prático de uso do RCCP.

A **sobrecarga** ocorre quando programamos mais itens que a capacidade do recurso. A **subcarga**, por sua vez, ocorre quando a quantidade programada de itens não é suficiente para carregar totalmente a capacidade do recurso.

O **planejamento de curto prazo**, também conhecido por **CRP** (do inglês *capacity requirements planning*), ocorre no planejamento de recursos materiais – MRP (do inglês *material requirement planning*), quando os produtos são explodidos (desdobrados) em seus componentes, que podem ser adquiridos ou fabricados. Ele considera roteiros e sequenciamentos de produção e compara a capacidade alocada nos recursos críticos. Como o MRP geralmente ocorre muito próximo da data de produção, a capacidade necessária é calculada com a carga máquina e a carga mão de obra atuais, com os estoques de produtos e componentes disponíveis. Segundo Corrêa e Corrêa (2012), a emissão de ordens de fabricação é ajustada à capacidade de produção por meio de:

- redução e reordenamento de tempos de fila e movimentação;
- sobreposição de ordens antes do término;
- divisão de ordens ou operações;
- novo sequenciamento das ordens para diminuir o número de *setups*;
- roteiros alternativos;
- horas extras não planejadas.

■ Síntese

A gestão da capacidade tem a tarefa de determinar a capacidade efetiva da operação produtiva, de forma que ela possa responder à demanda. A análise da capacidade ocorre em três espaços de tempo diferentes: longo, médio e curto prazos, que envolvem decisões relacionadas ao tamanho (capacidade) das instalações industriais. Se o nível de produção de uma unidade produtiva estiver abaixo de um mínimo, o custo médio de produção de cada unidade aumentará, porque os custos fixos da fábrica estão sendo cobertos por um número menor de unidades produzidas. Por outro lado, os níveis de produção podem ultrapassar a capacidade teórica da planta, por meio de hora extra e de subcontratação. Para resolvermos essas situações, é importante conhecer os tipos de capacidade e as formas de ajustar a capacidade.

■ Questões para revisão

1. Um eixo passa por três diferentes operações de usinagem (OP1, OP2 e OP3) nas máquinas tipo torno (M1), fresadora (M2) e retífica (M3), com os tempos dados na tabela a seguir. As máquinas trabalham 7 horas por turno e a demanda é de 6 mil eixos por dia.

a. Determine quantas máquinas de cada tipo devem ser alocadas às operações. Desconsidere perdas por transporte, qualidade, retrabalho, manutenção, entre outras.

Usinagem	Máquina	Duração (min.)
OP1	M1 – Torno	0,50
OP2	M2 – Fresadora	0,2
OP3	M3 – Retífica	0,3

b. Faça o cálculo, para o caso de uma operação adicional (OP4) com a mesma fresadora com duração de 0,3 minuto.

2. A manufatura de dois estampados (X1 e X2) é realizada no setor de prensas. X1 necessita de 10 minutos e X2 de apenas 2 minutos. Para uma demanda mensal de 500 unidades para cada produto, determine a capacidade mensal necessária da prensa supondo 22 dias úteis com 7 horas diárias. Considere que os dois produtos devem ser prensados diariamente e que o tempo de troca de ferramenta é de aproximadamente 60 minutos.

3. Um supermercado deseja determinar o número de atendentes de máquinas registradoras (caixas) que deve ser dimensionado para atender à demanda prevista de 880 clientes por dia, durante 8 horas de trabalho. Estima-se que cada cliente demore, em média, 5 minutos para passar pelo caixa. Calcule considerando que 20% do tempo dos caixas são para descanso e refeições e assinale a resposta correta:

   a. 11,45 (12).
   b. 16,70 (17).
   c. 8,91 (9).
   d. 14,62 (15).

4. Qual a importância das decisões sobre capacidade e em que nível de uma empresa elas acontecem? Como influenciam o estágio de tecnologia de processo nos custos total, fixo e variável?

5. Um fornecedor de equipamentos deseja instalar um número suficiente de fornos para produzir 40 mil peças por mês. Cada forno produz 1 unidade a cada 2 minutos, porém apresenta perdas de 6%. Quantos fornos serão necessários se cada um acha-se disponível durante 380 horas por mês?

   a. 2,9 (3) fornos.
   b. 5,3 (6) fornos.
   c. 3,7 (4) fornos.
   d. 4,2 (5) fornos.

6. Analise a vantagem financeira de reunir a produção das fábricas F1 e F2 em uma só (F3). Descosidere os custos referentes à localização, ao fechamento e à abertura. Para a nova fábrica (F3), os custos serão:

- CF anual = R$ 100.000,00
- CV unitário = R$ 6,00

Justifique sua resposta com base nos CTs de operação.

Fábrica	CF (R$)	CV	Capacidade (un./ano)
F1	50.000,00	12,00	16.000
F2	70.000,00	9,00	12.000

■ Questões para reflexão

1. No Brasil, já existem leis que determinam que o tempo máximo de permanência de uma pessoa em uma fila de banco seja de 30 minutos. Que sugestão você daria a um banco para atender a essa norma de maneira economicamente viável?

2. Quais alternativas você sugeriria para conciliar demanda com capacidade, continuamente, nas seguintes operações?
   a. Um hospital pronto-socorro.
   b. Uma pizzaria.
   c. Um consultório odontológico.

3. Discuta as consequências de haver falta ou excesso de capacidade para as seguintes operações:
   a. Uma rede nacional de ferrovias.
   b. Uma sala de leitura.
   c. Um equipamento para prensagem de uvas em um vinhedo.

■ Para saber mais

YU-LEE, T. R. **Essentials of Capacity Management**. New York: Wiley, 2002.

Essa é uma obra clássica na literatura de gestão da capacidade que fornece técnicas, exemplos reais e as melhores práticas relacionadas aos mais novos pensamentos, estratégias e desenvolvimento de tecnologias para a gestão da capacidade. São descritos no livro os impactos da gestão da capacidade, o uso de sistemas de medição e a análise de processos para melhoria da utilização da capacidade.

4 Gestão de estoques

Conteúdos do capítulo:
- *Introdução à gestão de estoques.*
- *Definição de tipos e categorias de estoques.*
- *Detalhamento dos custos de estoque.*
- *Apresentação do cálculo dos lotes econômicos.*
- *Análise dos tipos de controle de estoques.*
- *Discussão sobre comprar ou fabricar.*
- *Definição de estoque de segurança.*
- *Apresentação da curva ABC.*

Após o estudo deste capítulo, você será capaz de:
1. *identificar os tipos de estoque;*
2. *calcular o custo de um estoque;*
3. *calcular o lote econômico;*
4. *definir o tipo de sistema de controle de estoques;*
5. *escolher entre comprar ou fabricar produtos;*
6. *calcular o estoque de segurança;*
7. *classificar produtos de acordo com a curva ABC.*

4.1 Introdução à gestão de estoques

As constantes oscilações de demanda, os ciclos de vida de produtos cada vez menores e o grande número de variedades de produtos oferecidos no mercado tornam a gestão de estoques complexa e importante para as organizações. Por um lado, necessitamos lidar com as diferenças entre o que é produzido e o que é consumido; por outro, nosso objetivo deve ser sempre manter níveis de serviço adequados sem custos excessivos de estoques.

Nível de serviço é o percentual de ocasiões nas quais o produto está disponível ao cliente, quando e onde ele o deseja.

Alcançamos esse objetivo por meio da formulação de uma política de estoque, incluindo definições como "o que, quando e quanto comprar, como e onde armazenar".

A importância da gestão de estoque pode ser resumida do seguinte modo: **a maneira como uma organização administra seu estoque influencia sua lucratividade e a forma como ela compete no mercado.**

4.2 Tipos e categorias de estoques

Nos sistemas produtivos, os estoques não agregam valor ao cliente e devem ser reduzidos para se tornarem mais eficientes. Entretanto, os estoques devem estar sempre presentes e desempenham várias funções. Podemos citar os seguintes tipos:

- **Estoque de antecipação** – Tem fins de ganhos de escala, como obter descontos por maiores quantidades e redução de frete unitário por carga completa. Esses estoques também protegem a empresa em picos de demanda sazonal, como Dia das Mães, Natal, entre outros.

- **Estoque por tamanho de lote** – Refere-se à quantidade mínima (ou múltiplo) comercializada correspondente a um lote de fabricação. Nesse caso, o fornecedor exige uma quantidade mínima de fornecimento.

- **Estoque de segurança** – Compensa as variações de demanda não previstas, atrasos de fornecedores, de transporte, entre outros.

- **Estoque de proteção** – Atua contra altas de preço, variação cambial, greves (ex.: greves portuárias ou da Receita Federal), entre outros.

- **Estoque em trânsito** – Está relacionado a produtos adquiridos, mas ainda não entregues em virtude do tempo de transporte.

As categorias mais comuns de estoques são: (a) matérias-primas e insumos; (b) produtos acabados; (c) produtos em processo; (d) produtos em consignação; (e) produtos em trânsito.

4.3 Custos relevantes de estoques

Os custos das operações de estoques são elementos fundamentais para nos apoiarmos na determinação das políticas de estocagem e podem ser agrupados das seguintes formas:

- **Custo de manutenção de estoque ou de armazenagem (CM)** – É o somatório dos custos de armazenamento (aluguéis, luz, limpeza, gastos com empilhadeiras), de manuseio (transportes externo e interno), de danos ou obsolescência, do capital investido (custo financeiro) e dos seguros. O CM é dado por:

$$CM = Ce \, (Q/2)$$

Sendo:

$$Ce = \text{taxa financeira (i)} \times \text{custo unitário do item (Cu)}$$

Em que:
- Ce = custo de estocagem;
- Q = quantidade adquirida;
- i = taxa financeira;
- Cu = custo unitário do item.

Observe que o (CM) de um item estocado durante um ano é estimado entre 20 e 40% do valor do item.

Suponha que, em uma empresa de grande porte e com problemas financeiros, calculou-se que o estoque médio de matéria-prima era equivalente a sete meses de produção (aproximadamente R$ 30 milhões). Estimou-se, então, que a empresa tinha um CM de matéria-prima de aproximadamente R$ 10 milhões por ano.

- **Custo de falta de itens no estoque** – Os custos de vendas perdidas são altos e difíceis de se calcular, pois incluem custos de reputação, de perda de cliente, de prestígio, de horas extras, de frete especial etc.

- **Custo de preparação de um pedidos ou custo de um reabastecimento (Cp)** – Relaciona-se à emissão de pedidos, ligações telefônicas, internet, custos de transporte, carga e descarga. Refere-se ao custo de cada um dos pedidos emitidos. O custo anual para comprar ou fazer pedidos (Cp) é dado por:

$$Cp = Cp\ (D/Q)$$

Em que:
- D = demanda;
- Q = quantidade adquirida.

- **Custo unitário do item (Cu)** – É o custo direto dos itens encomendados para abastecimento do estoque. O custo total (CT) para estocagem de um produto durante um período é definido pelo somatório do CM com o Cp, ou seja:

$$CT = Cp\ (D/Q) + Ce\ (Q/2)$$

Em que:
- Número de pedidos N = D/Q.

4.4 Lote econômico

Nesta seção, apresentaremos os conceitos de *lote econômico de compras* (LEC) e *lote econômico de produção* (LEP), utilizados para definir a frequência e as quantidades ideais de compra de determinado material ou componente e para produzir determinado produto.

4.4.1 Lote econômico de compras

Decisões sobre o quanto comprar de um produto e quantas vezes fazer pedidos são resolvidas pelo cálculo do LEC. Se a empresa comprar uma quantidade maior de determinado produto, terá menos custos com colocação de pedidos, mas terá um custo maior de estoque, e vice-versa.

> O **LEC** é a quantidade (Q) em que o CT de realização de pedidos e de estocagem é mínimo, ou seja, é a quantidade na qual a soma dos CMs e os custos de pedidos (CPs) tem o menor valor.

Fonte: Adaptado de Slack, 2009.

O Gráfico 4.1 indica a posição do LEC.

$$LEC = \sqrt{(2DCp/Ce)}$$

Gráfico 4.1 – LEC e CT para estocar

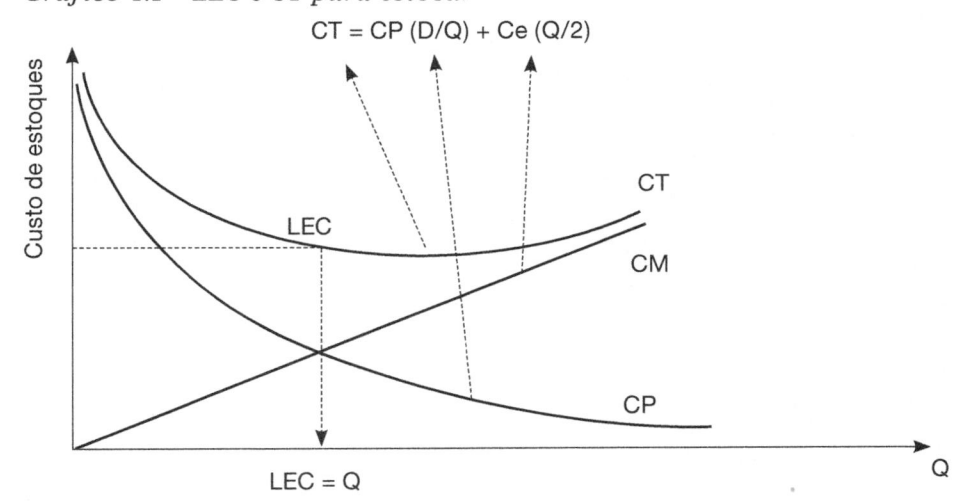

$$CT = CP(D/Q) + Ce(Q/2)$$

Fonte: Adaptado de Slack; Chambers; Johnston, 2009.

Para a quantidade equivalente do LEC, o CM é igual ao CP.

Exemplo 1

Um técnico em informática vende computadores com componentes comprados no exterior. Ele tem em cada viagem um Cp de R$ 2.000,00. A demanda (D) anual é de 200 computadores e o custo do cartão de crédito é igual a uma taxa anual (i) de 64%. Quantas viagens (número de pedidos) ele deve realizar por ano e qual a quantidade (Q) de computadores que ele deve montar?

$$LEC = \sqrt{(2DCp/Ce)} = \sqrt{(2 \times 200 \times 2.000)/(0,64 \times 2.000)} = 25$$

Número de pedidos = D/Q = 200/25 = 8 viagens.

Em que:
- D = demanda diária;
- EI = estoque inicial;
- EF = estoque final.

Obtém-se, então, o estoque médio (EM) no período:

D = 200/360 = 0,556

EM = (EI + EF)/2, isto é, EM = (25 + 0)/2 = 12,5.

Vamos ver a representação desses dados no Gráfico 4.2, que apresenta o ciclo de consumo e reabastecimento do estoque por meio do gráfico dente de serra. A curva média da demanda é calculada como se fosse uma constante (d = 0,556).

Gráfico 4.2 – Gráfico dente de serra

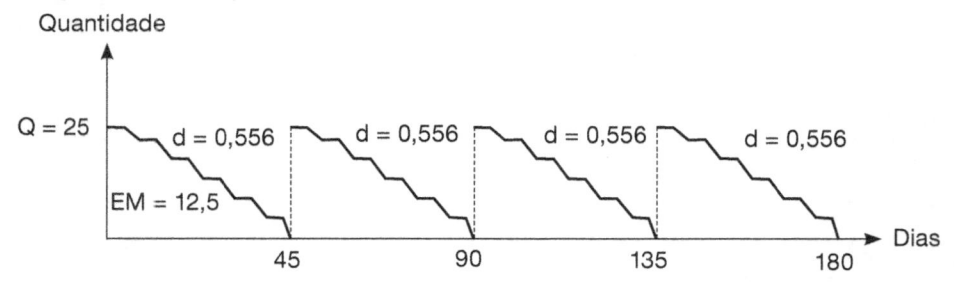

EI = 25

EF = 0

EM = 12,5

EM = (EI + EF)/2

EM = (25 + 0)/2 = 12,5

Lead time de compras é o nome dado ao tempo que se leva para reabastecer o estoque por meio da criação de um pedido.

4.4.2 Cálculo do lote econômico de compras com descontos

Em algumas situações, são oferecidas vantagens em forma de descontos unitários na compra de maiores quantidades. Nesse caso, devemos calcular o custo de estocagem anual (CEA), dado por:

$$CEA = Cp\,(D/Q) + Ce\,(Q/2) + PD$$

Em que:
- P = preço relativo às quantidades (Q) com descontos;
- D = demanda anual.

Vamos observar a solução gráfica do cálculo do LEC para produtos com preços diferenciados por quantidade.

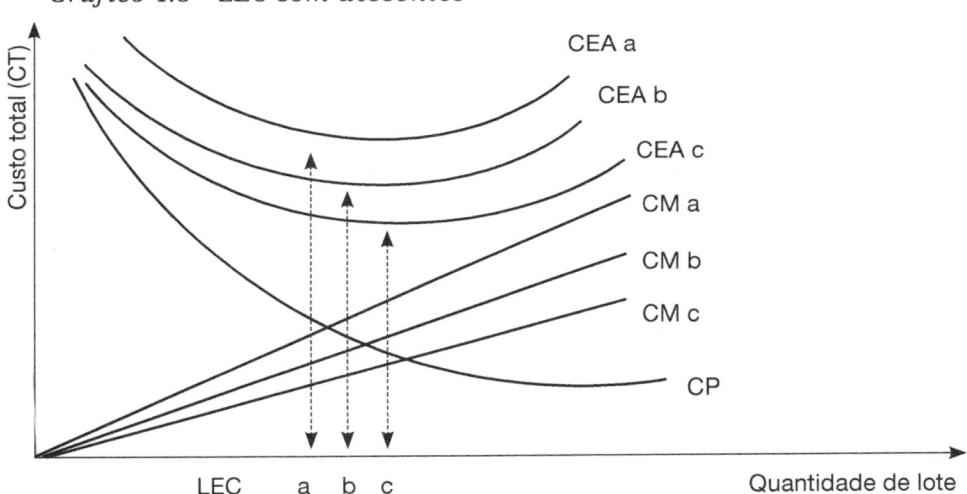

Gráfico 4.3 – LEC com descontos

Fonte: Adaptado de Stevenson, 2001, p. 438.

Exemplo 2

Com base nos dados do Exemplo 1, o técnico de informática tem a opção de comprar o componente de computador com os seguintes preços por quantidade:
- De 1 a 49 unidades – (R$ 20,00).
- de 50 a 79 unidades – (R$ 18,00).
- de 80 a 99 unidades – (R$ 17,00).
- A partir de 100 unidades – (R$ 16,00).

Calcule o LEC e o CEA sabendo que:

D (demanda) de X = 816;

Cp = R$ 12,00;

Ce = R$ 4,00.

Calculamos o LEC:

$$LEC = \sqrt{(2DCp/Ce)} = \sqrt{(2 \times 816 \times 12)/(4)} = 70$$

Calcularmos agora o CEA para o LEC (70) e para as quantidades mais próximas do LEC de cada faixa de descontos, ou seja, o LEC (80) e o LEC (100). Aplicando a fórmula CEA = Cp (D/Q) + Ce (Q/2) + PD, temos:

CEA 49 (não é necessário calcular o custo, pois o LEC não está nesta faixa)

$$CEA\ 70 = 4 \times (70/2) + 12 \times (816/70) + 18,00 \times 816 = 14.968,00$$

Agora, precisamos verificar o CEA para as situações em que o preço unitário tem desconto.

$$CEA\ 80 = 4 \times (80/2) + 12 \times (816/80) + 17,00 \times 816 = 14.154,00$$

$$CEA\ 100 = 4 \times (100/2) + 12 \times (816/100) + 16,00 \times 816 = 13.354,00$$

Portanto, o menor CEA será para Q = 100.

4.4.3 Lote econômico de produção

Decisões sobre o quanto produzir de um componente e quantas vezes preparar as máquinas (*setup*) são resolvidas pelo cálculo do LEP. Se a empresa produzir uma quantidade maior, terá menos custos com a preparação de máquinas; em contrapartida, terá um custo de estoque maior, e vice-versa.

LEP é a quantidade na qual o CT de fabricação é minimizado, ou seja, é a quantidade em que a soma dos custos de *setup* da máquina com CM do lote fabricado é menor.

Fonte: Adaptado de Stevenson, 2001.

O cálculo do LEP é semelhante ao do LEC e dado pela seguinte fórmula:

$$LEP = \sqrt{(2DS/Ce)} \times \sqrt{\frac{p}{p-d}}$$

Sendo:
- S = custo de *setup*;
- Ce = i × Cu.

O CT para produzirmos é definido pelo somatório do CM do lote fabricado e o Cp, dado por:

$$CT = (Ce \times Q/2p)(p - d) + S(D/Q)$$

Observe a representação gráfica no gráfico a seguir.

Gráfico 4.4 – Representação do LEP

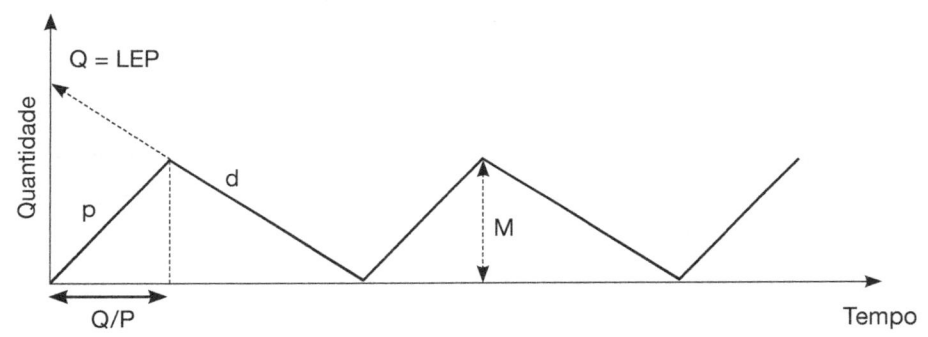

Em que:
- p = taxa de produção (entrada);
- d = taxa de consumo (saída);
- M = nível máximo de estoque = Q/P (P – d);
- EM = estoque médio = Q/2P (P – d).

Fonte: Adaptado de Slack; Chambers; Johnston, 2009.

No gráfico, a linha pontilhada indica a quantidade de LEP que seria estocada se não houvesse taxa de consumo. Quando o p > d, existe acúmulo de peças fabricadas. Se p < d, há a necessidade de comprarmos de terceiros ou aumentar a capacidade de produção. Nesse caso, não há lógica em calcularmos o LEP.

Exemplo 3

Um item é produzido a uma taxa de 10.000/ano (p) por R$ 23,00 a unidade (Cu). O *setup* (S) custa R$ 50,00. A demanda anual (D) é de 2.500 e o custo de estocagem (Ce) é de R$ 2,50 por item/ano. Determine o LEP e o de fabricação.

$$LEP = \sqrt{(2DS/Ce)} \times \sqrt{\frac{p}{p-d}}$$

$$LEP = \sqrt{\frac{2 \times 2.500 \times 50,00}{2,50}} \times \sqrt{\frac{10.000}{10.000 - (2.500)}}$$

LEP = 365,15 ≃ 366.

Calculamos agora o CT de fabricação:

CT = (Ce × Q/2p) × (p − d) + S × (D/Q)

$$CT = \left(\frac{2,50 \times 365,15}{2 \times 10.000}\right) \times (10.000 - 2.500) + 50,00 \times \left(\frac{2.500}{315,15}\right)$$

CT = R$ 684,65

4.4.4 Crítica aos modelos LEC e LEP

Os modelos LEC e LEP apresentados são amplamente utilizados pelas empresas e servem de base nas negociações com os fornecedores. Mas é importante salientar que eles apresentam premissas nem sempre verdadeiras e previsíveis, como:

- demanda constante durante o ano;
- taxa de juros anual (i) constante;
- custo do pedido (Cp) fixo e constante durante o ano;
- custo do produto (p) fixo e constante durante o ano;
- disponibilidade do produto quando o pedido é feito (PP).

Outros problemas também costumam ser enfrentados na adoção dos modelos estudados. O levantamento de alguns custos, como o de compras e de aluguel de áreas ocupadas, geralmente depende de rateios discutíveis. Custos como de obsolescência, furtos e quebras de material, por sua vez, são mais difíceis de avaliar.

4.5 Controle de estoques

Entre os modelos tradicionais para controle de estoques, podemos destacar:
- **Controle por ponto de pedido (PP) ou por ponto de reposição (PR)** – Determina o momento da emissão das ordens de reposição do estoque pela seguinte equação:

$$PP = d \times t + Qs$$

Em que:
- d = demanda diária;
- t = tempo de ressuprimento ou reposição (*lead time*);
- Qs = estoque de segurança.

O PP indica a quantidade estocada de determinado produto, o que define a necessidade de sua reposição; ou seja, o PP inicia o processo de aquisição para que não seja preciso utilizar o Qs, conforme representado no gráfico a seguir.

Gráfico 4.5 – Controle de estoques

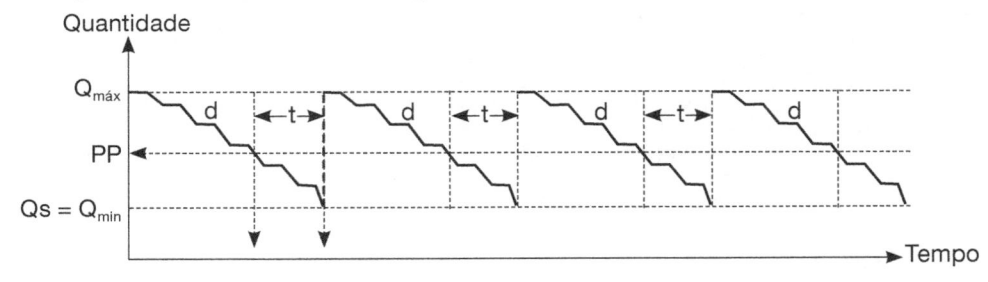

Q_{min} = quantidade mínima
$Q_{máx}$ = quantidade máxima

Quando o estoque de determinado produto for igual ao PP, devemos novamente adquirir o produto na quantidade estabelecida.

- **Controle por reposição periódica** – Determina as datas ou os períodos em que a possível reposição de estoque deve ser analisada pela seguinte equação:

$$TR = t\ ano/N = (Q \times t\ ano)/D$$

Em que:

- TR = tempo ótimo entre as revisões;
- t ano = número de dias do ano.
- **Planejamento dos recursos materiais (MRP)** – É baseado nos sistemas computacionais para o planejamento de recursos materiais. Vamos estudar esse modelo no Capítulo 7.

Exemplo 4

Voltando ao exemplo do técnico de informática (exemplos 1 e 2), vamos supor que o prazo de entrega (*lead time*) do componente de computador seja de 10 dias e que, em virtude dos constantes atrasos da transportadora, o técnico precise trabalhar com um Qs de 5 computadores. Calcule o PP e o TR dos estoques.

$$PP = d \times t + Qs = 0{,}556 \times 10 + 5 \cong 11$$

$$TR = t\,ano/N = (Q \times t\,ano)/D = \frac{360}{8} = 45 \text{ dias}$$

Vamos observar a seguir a representação gráfica da solução.

Gráfico 4.6 – Controle de estoques do técnico de informática

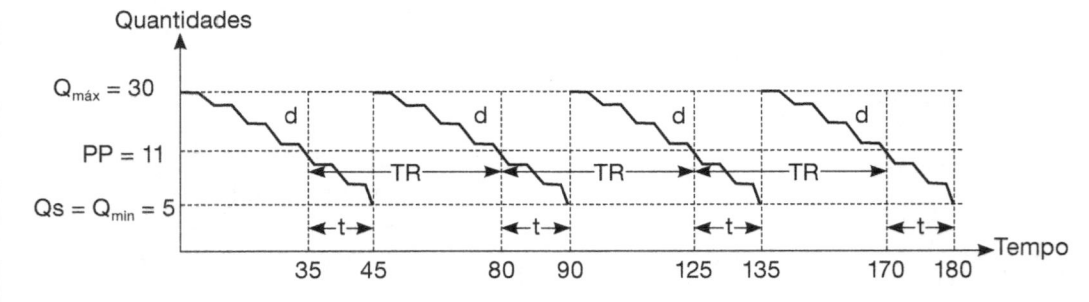

TR = Tempo de revisão;

t = tempo de ressuprimento.

4.6 Comprar ou fabricar

Podemos definir decisões sobre comprar ou fabricar, sob o ponto de vista financeiro, comparando o CEA com o custo de produção anual (CPA). Para isso, acrescentamos ao CT o valor unitário de compra ou produção (Cu) multiplicado pela demanda anual (D), utilizando as seguintes fórmulas:

$$CEA = Cp\, D/Q + Ce \times Q/2 + Cu \times D$$

Em que:
- Cu = custo unitário para comprar.

$$CPA = (Ce \times Q/2p) \times (p - d) + S \times D/Q + Cu \times D$$

Em que:
- Cu = custo unitário para produzir.

Exemplo 5

Para a situação que vimos no Exemplo 4, decida se o item deve ser comprado ou fabricado pela empresa do técnico de informática, considerando o Cp de R$ 5,00 e o Cu de R$ 25,00.

Começamos calculando o CPA:

$$CPA = (Ce \times Q/2p) \times (p - d) + S \times D/Q + Cu \times D$$

CPA = (2,50 × 365,15/2 × 10.000) × (10.000 − 2.500) + 50,00 × (2.500/365,15) + 23,00 × 2.500 = R$ 58.184,65

Agora, calculamos o CEA:

$$LEC = \sqrt{(2DCp/Ce)}$$

LEC = $\sqrt{(2 \times 2.500 \times 5,00)/(2,50)}$ = 100 unidades

$$CEA = Cp \times D/Q + Ce \times Q/2 + Cu \times D$$

CEA = (5,00 × 2.500/100) + 2,50 × 100/2 + 25,00 × 2.500 = R$ 62.750,00

Portanto, O CPA < CEA, o que significa que é mais econômico fabricar que comprar.

4.7 Estoques de segurança

Os estoques de segurança de produtos acabados absorvem as **variações de demanda** e são calculados em função do nível de serviço pretendido. O **nível de serviço** é o percentual de ocasiões nas quais o produto está disponível ao cliente quando e onde ele desejar. Um nível de serviço de 98% (Tabela 4.1) significa um risco de 2% de falta do produto. Quanto maiores as variações de demanda e maior o nível de serviço desejado, maior deve ser o estoque de segurança.

O estoque de segurança é dado pela fórmula:

$$Qs = K \times \Sigma$$

Em que:
- K = número de desvios-padrão relativos ao nível de serviço (ver Tabela 4.1);
- Σ = desvio-padrão das demandas históricas.

Tabela 4.1 – Relação entre nível de serviço e número de desvios

Nível de serviço	K
70%	0,525
80%	0,84
85%	1,03
90%	1,28
95%	2,32
98%	2,55
99%	3,09

Fonte: Adaptado de Tubino, 2009.

Outra forma de calcularmos o estoque de segurança é considerá-lo como uma **porcentagem da demanda** durante o tempo de ressuprimento ou dias de estoque de segurança.

$$Qs = d \times \text{números de dias (segurança)}$$

Exemplo 6

Calcule o estoque de segurança de computadores para o técnico em informática considerando:

- Demanda diária (d) = 0,556
- Número de dias de segurança (n) = 10
- Nível de serviço = 95% (K = 2,32)
- Desvio-padrão para os dados históricos de previsão = 2

Qs = K × $\sum$ = 2,32 × 2 = 4,64 ≃ 5 computadores

Qs = d × n (segurança) = 0,556 × 10 = 5,56 ≃ 6 computadores

Obs.: As fórmulas oferecem resultados diferentes, mas próximos.

4.8 Curva ABC

A curva ABC é uma ferramenta para classificarmos **itens estocados**, dando **importância relativa** a cada um deles. A classificação ABC ocorre de acordo com algum critério relevante, normalmente o valor anual do item – custo unitário (Cu) multiplicado pela demanda anual (D) – conforme vemos na Tabela 4.2. Normalmente, poucos itens estocados correspondem a 60-70% do valor acumulado. Na tabela, esses itens são classificados como *A* e têm políticas de controle de estoques diferenciadas dos itens *B* (atenção média) e *C* (menor atenção). Os itens *C* correspondem a aproximadamente 10 a 15% do valor acumulado e podem ser comprados em maior quantidade e controlados com menor frequência. Os itens *B* se situam em posição intermediária e correspondem a cerca de 20% do valor acumulado. Os itens *A*, em menores quantidades, mas com maior valor acumulado, deverão ser controlados continuamente. Algumas empresas desenvolvem parcerias estratégicas com seus fornecedores para esses itens.

Tabela 4.2 – Classificação ABC

Item	Demanda anual (D)	Custo unitário (Cu) R$	Valor anual (D × Cu) R$	Valor (%)	Valor anual acumulado (%)	Classificação ABC
1	100	40,00	4.000,00	40	40	A
2	50	40,00	2.000,00	20	60	A
3	40	20,00	800,00	8	68	A
4	20	35,00	700,00	7	75	B
5	100	5,20	520,00	5,2	80,2	B
6	50	10,00	500,00	5,0	85,2	B
7	48	10,00	480,00	4,8	90	C
8	200	2,00	400,00	4	94	C
9	12	30,00	360,00	3,6	97,6	C
10	20	12,00	240,00	2,4	100	C
Total	–	–	10.000,00	100	–	–

Exemplos de políticas para os itens *A*:

- Aquisição baseada em necessidades calculadas.
- Controle rígido de entradas, saídas e saldos.
- Manutenção de baixos estoques de segurança.
- Negociação de garantia de entrega com fornecedor.

Exemplos de políticas para os itens *B*:
- Manutenção de controle moderado, evitando falta.
- Aquisição de quantidades maiores para ter vantagem no frete (carga completa).
- Manutenção de estoque de segurança elevado.

Exemplos de políticas para os itens *C*:
- Controle com menor frequência.
- Estoques maiores.

■ Síntese

Atualmente, a gestão de estoques é fundamental para as empresas, pois o excesso de estoque gera alto custo de oportunidade. Por outro lado, a falta de produto acarreta-lhes perda de vendas e clientes. Neste capítulo, abordamos tipos, funções e categorias dos estoques, apresentamos as formas de calcular o lote econômico, o estoque de segurança, os custos dos estoques e as principais formas de controle de estoque e realizamos uma análise entre comprarmos ou fabricarmos produtos. Por último, verificamos a curva ABC, utilizada para priorizar políticas de controle diferenciadas para itens estocados ABC.

■ Questões para revisão

1. Um soldador usa aproximadamente 500 kg de solda por ano. Para concluir uma ordem de compra (pedido) com seu fornecedor, ele gasta R$ 3,60 em telefonemas. Cada quilograma de solda custa R$ 2,00 e o custo de estocagem é de 25% desse valor.

   O valor do LEC equivale, aproximadamente, a:
   a. 76 kg.
   b. 79 kg.
   c. 82 kg.
   d. 85 kg.

2. Uma empresa funciona 18 horas por dia, 300 dias por ano. Ela pode fabricar uma peça que custa R$ 15,00 e tem Ce de R$ 0,10 por dia por peça. O custo de *setup(s)* é de R$ 250,00. O consumo é de 5.000 peças por dia, e a capacidade de produção é de 500 peças por hora. Essa mesma peça pode ser comprada a R$ 20,00 com um Cp de R$ 30,00. Calcule o CT anual para produzir ou comprar essa peça.

3. Determine o CEA para um produto com demanda de 40.000 unidades por ano com lotes de compra de 1.000, 1.200 e 1.400 unidades. A taxa anual (i) é de 24% ao ano e o custo de aquisição é de R$ 5,30/unidade. O Cp é de R$ 25,00.

4. A empresa XYZ consome 8.000 unidades de um componente por ano. O fornecedor oferece os seguintes preços:

    - De 0 a 499 unidades – R$ 10,00.
    - De 500 a 999 unidades – R$ 9,50.
    - A partir de 1.000 unidades – R$ 8,75.

    Sabendo que o Cp é de R$ 20,00 e o Ce é de 10%, que quantidade a empresa deve comprar e qual o CT anual?

5. A empresa fictícia Confecções tem uma demanda anual de 100.000 peças. O custo de preparação de um pedido (*setup*) é de R$ 20,00 e o Ce é de R$ 2,00/peça. A taxa de produção é 200.000 peças/ano. Qual é o LEP?
    a. 1.650.
    b. 2.000.
    c. 2.150.
    d. 1.800.

6. O gerente de uma fábrica de refrigerantes precisa decidir o tamanho do lote de produção para cada tipo de refrigerante. A demanda para cada tipo é de 80.000 unidades por mês (160 horas/mês). A linha de engarrafamento envasa a uma taxa de 3.000 unidades por hora, mas leva 1 hora para trocar de refrigerante (limpando os equipamentos). O custo da troca ou *setup* (mão de obra e capacidade perdidas) é de R$ 100,00 por hora. O Ce é calculado em R$ 0,40 por mês, por garrafa.
    a. Calcule o LEP para *setups* de 1 hora e de 4 horas de duração.
    b. Represente graficamente o LEP, a taxa de produção, a taxa de demanda e o nível máximo de estoque em um gráfico dente de serra para os dois casos.

7. A empresa fictícia XYZ compra anualmente 6.000 unidades de um produto a um custo unitário de R$ 5,00. O Cp é de R$ 20,00 e o Ce é de R$ 1,50 por unidade por ano (360 dias).
    a. Qual é o intervalo de compra e o CT anual para esse produto?
    b. Considerando um tempo de ressuprimento de 10 dias e um estoque de segurança de 10% do LEC, represente graficamente os valores para o tempo ótimo entre as revisões, o ponto de pedido e os estoques mínimo e máximo. Calcule também o estoque médio.

■ Questão para reflexão

Analise a diferença entre uma empresa definir uma política de reposição e manutenção de estoque diferenciada para produtos de classe diferentes (ABC) *versus* manter a mesma política para todos os produtos.

■ Para saber mais

WATERS, D. **Inventory Control and Management**. 2. ed. New York: John Wiley, 2003.

Essa obra trata da importância da gestão de estoque. Ela enfatiza o crescimento do e-commerce e a tendência do uso de modelos para sistemas de demanda dependentes com base na ordem econômica. O autor define a gestão de estoque em seu contexto mais amplo, discutindo as tendências e pressões para as mudanças importantes. As principais abordagens são discutidas e avaliadas, dando ao leitor uma ampla valorização dos princípios envolvidos. Algumas ideias quantitativas são desenvolvidas no texto com foco em exemplos práticos.

5 Planejamento da produção

Conteúdos do capítulo:
- *Apresentação das etapas do planejamento e do controle da produção (PCP).*
- *Detalhamento do plano agregado de produção (PAP) e do plano mestre de produção (PMP).*
- *Análise das capacidades.*

Após o estudo deste capítulo, você será capaz de:
1. *descrever o PCP;*
2. *elaborar o PAP;*
3. *elaborar o PMP;*
4. *analisar e ajustar as capacidades dos planos de longo e médio prazo.*

5.1 Etapas do planejamento e controle da produção

O planejamento e controle de produção (PCP), também conhecido como *planejamento, programação e controle de produção* (PPCP), é um processo de apoio ao sistema produtivo, responsável pela alocação de recursos (materiais, máquinas, equipamentos e pessoas) para a produção de bens e serviços demandados pelos clientes. O PCP está subordinado à direção da produção, conforme descrito no organograma da Figura 1.1, no Capítulo 1. Esse setor industrial planeja continuamente o que será fabricado e traduz os objetivos do plano de negócio para o processo de fabricação.

O PCP, a gestão da qualidade (GQ), a manufatura, a manutenção e a tecnologia (ou engenharia) são subordinados à direção do Departamento de Produção, mas não são subordinados entre si. Eles precisam de **autonomia** para atingir os objetivos estabelecidos no planejamento estratégico da produção.

A interação do PCP com os demais processos de um sistema produtivo está descrita na Figura 1.3 e no Quadro 1.2, ambos no Capítulo 1. Podemos observar que o PCP troca informações com vários outros processos de diversas áreas (compras, engenharia, recursos humanos, manutenção etc.) e apoia a fabricação para que o produto seja entregue na data, na quantidade solicitada e com custos conhecidos. As principais etapas do PCP estão representadas na Figura 5.1.

Na etapa inicial, o PCP recebe informações da demanda e dos objetivos estratégicos da produção e elabora o plano de produção. Este serve de base para o plano mestre de produção (PMP) de médio prazo, no qual as famílias de produtos são desagregadas em produtos.

Na **indústria automotiva**, o PCP se inicia com a previsão de vendas mensal para classes ou tipos de automóveis (ex.: Golf, Passat). Essa previsão, então, é substituída pela previsão de prazo médio para cada modelo de determinada classe.

Dessa maneira, o planejamento da produção compreende duas fases: a **fase agrupada**, ou seja, o planejamento agregado de produção (PAP), e a **fase dos produtos finais**, a do PMP.

Após o PMP, realizamos o **planejamento de recursos de materiais** (MRP) e o **planejamento de recursos de manufatura** (MRP II), buscando a otimização dos recursos produtivos, conforme veremos no Capítulo 7. Então, são liberadas as ordens de fabricação (OFs), de montagem (OMs) e de compra (OCs) de materiais. O controle da produção compara o planejado com o realizado, acompanhando os processos produtivos. O apontamento da produção, na forma de tempos e quantidades produzidas, retroalimenta as demais etapas do PCP.

Figura 5.1 – Etapas do PCP

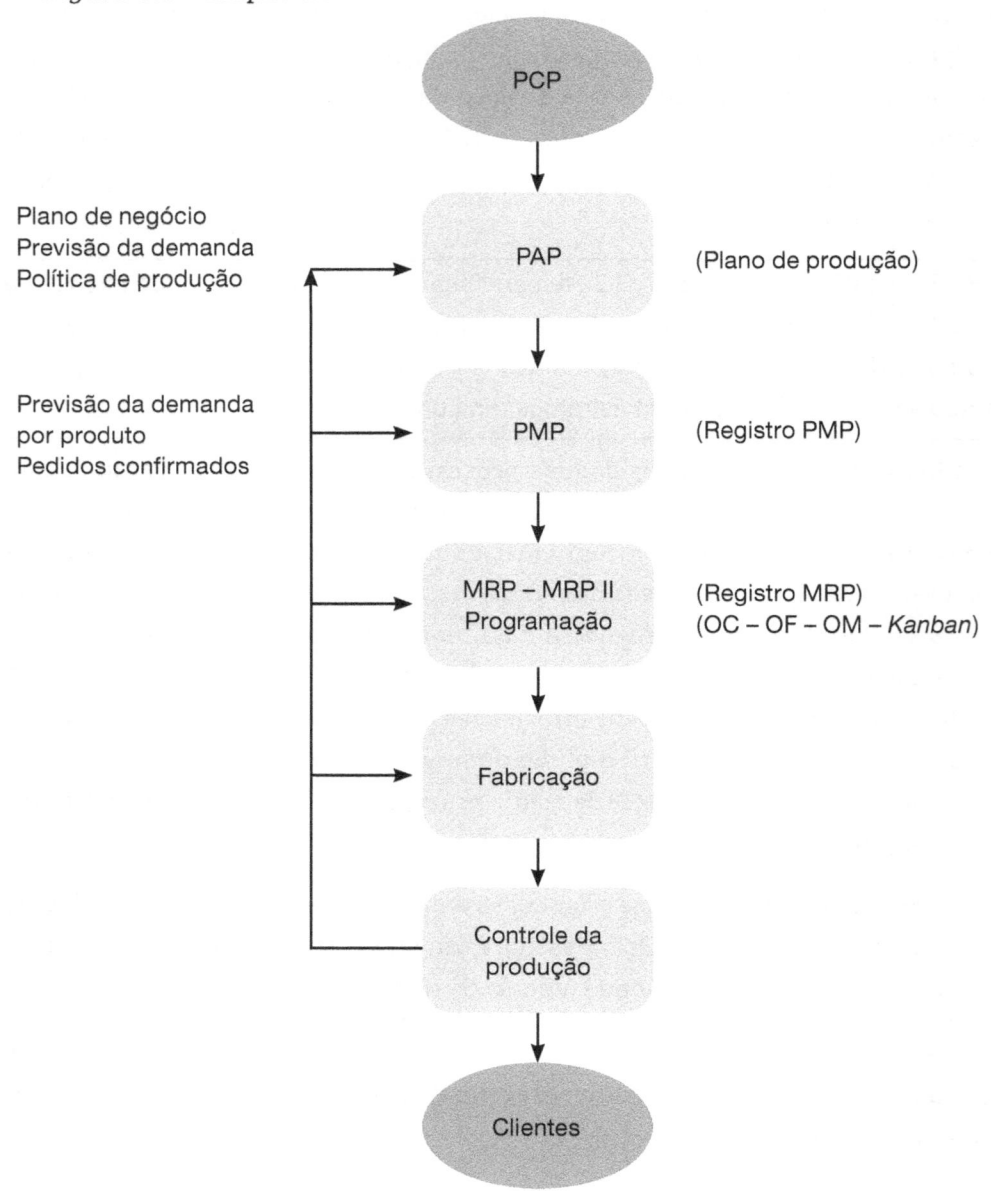

Assim, o PCP apoia o processo produtivo com as seguintes informações, emitidas nas OFs:

Quadro 5.1 – Informações do PCP para a fabricação

O que produzir e comprar?	Qual o produto?
Quanto produzir e comprar?	Qual a quantidade?
Onde produzir?	Com qual recurso (equipamento)?
Como produzir?	Qual a sequência e o roteiro de produção?
Quando produzir e comprar?	Qual a data?
Com o que produzir?	Qual a matéria-prima?
Com quem produzir?	Quais operadores e departamentos?

Com as informações anteriores, o supervisor da produção organiza todo o sistema produtivo, monitora a fabricação dos produtos e faz ajustes de capacidades conforme surgem as dificuldades, como falta de material, energia, operadores, entre outras.

5.2 Planejamento agregado da produção

O PAP consiste, basicamente, na preparação de planos de produção para determinado período (geralmente de um ano) com base nas perspectivas de vendas, na capacidade de produção e nos recursos financeiros disponíveis. Alguns autores definem esse tipo de planejamento como um processo de balanceamento entre produção e demanda, com o objetivo de atender à demanda ao custo mais adequado.

O PAP é um processo grosseiro e pouco preciso. Ele é ajustado e melhorado por aproximação com as previsões de demanda, que, por sua vez, estão sujeitas a várias influências, como vimos anteriormente: sazonalidade, variações, momento econômico etc. Além disso, se a empresa tiver grande variedade de produtos ou serviços, é impraticável planejarmos o balanceamento da capacidade da fábrica com a demanda prevista individualmente para cada um desses produtos ou serviços. Devemos, então, elaborar o planejamento com base em **medidas unificadas de produção** (como vimos no Capítulo 3) ou por **famílias de produtos**, daí a expressão *planejamento agregado*.

Podemos entender o PAP como um **estágio intermediário** entre o **planejamento de capacidades**, que é elaborado com uma visão de longo prazo e fixa a capacidade produtiva da empresa, e a **programação da produção**, rotineira, que fixa a produção em curto prazo. O PAP deve apoiar as estratégias de produção previamente definidas e apresenta as seguintes fases:

1. **Previsão da demanda**, que geralmente é feita para um período de meses.

2. **Identificação de políticas alternativas** que serão usadas para influenciar a demanda e/ou os níveis de produção. Tais políticas estarão sujeitas a restrições estabelecidas pela direção, como: produção constante ou flexível com banco de horas, manutenção de estoques baixos, controle de demissões de pessoal, rápido atendimento ao cliente etc.

3. **Escolha das políticas mais adequadas** dentre as previamente selecionadas, que serão usadas para determinar os níveis de produção ou influenciar a demanda, conforme vimos no Quadro 3.3 (Capítulo 3). As alternativas configuram as estratégias de produção a serem escolhidas durante o PAP para melhor atingir os objetivos estratégicos da produção. Uma estratégia mista permite atuar tanto na demanda quanto na produção. O plano de

produção servirá de base para equacionar níveis de produção, estoques, recursos humanos, máquinas e instalações necessárias para atender à demanda prevista de bens e serviços (Tubino, 2007). As alternativas devem contemplar, além do atendimento à demanda, os custos planejados, de forma que estes possam ser administrados e minimizados, mantendo a competitividade da operação.

O **plano de produção** objetiva determinar e garantir as capacidades produtiva, financeira, de pessoal e de materiais de uma organização em longo e médio prazos. Ele é considerado um programa estratégico e contém as quantidades produtivas agregadas para um longo período. O plano é a base para a elaboração de um programa de produção exequível, em que serão detalhadas as quantidades previstas de produtos.

5.2.1 Elaborando o planejamento agregado da produção

Usualmente, o horizonte de planejamento é anual (12 meses) e passa por revisão mensal. Nesse nível de planejamento, as informações de demanda e capacidade são agregadas por famílias de produto a fim de viabilizar a análise e tomada de decisão.

Tubino (2009) recomenda as seguintes etapas para a elaboração do PAP:

1. agrupar os produtos em famílias;
2. estabelecer o horizonte (ex.: quatro anos) e os períodos de tempo (ex.: meses, trimestres) a serem incluídos no plano;
3. determinar a previsão de demanda para o período definido;
4. determinar a capacidade de produção pretendida por período (turno normal, turno extra, subcontratações, importações etc.);
5. definir as políticas de produção e estoques (ex.: manter um estoque de segurança de 10% da demanda, não atrasar entregas, manter produção constante);
6. determinar os custos de cada alternativa de produção disponível;
7. desenvolver planos de produção alternativos;
8. analisar a capacidade produtiva;
9. escolher o melhor plano.

Exemplo 6

Para exemplificarmos o PAP, vamos imaginar o caso de um fabricante de três tipos de camisas: sociais, esportivas e infantis. Ele está analisando a previsão de demanda baseado no histórico de vendas do ano X para o primeiro e o segundo trimestre do ano seguinte (XI). Observe os dados apresentados na Tabela 5.1.

Tabela 5.1 – Previsão de vendas

Produto/Trimestre	Primeiro trimestre ano X	Segundo trimestre ano X	Terceiro trimestre ano X	Quarto trimestre ano X	Primeiro trimestre ano XI	Segundo trimestre ano XI
Camisas sociais	28.100	34.200	31.300	31.200	31.200	33.960
Camisas esportivas	10.400	11.000	9.000	10.200	10.080	10.980
Camisas infantis	8.000	10.200	12.000	14.100	16.020	18.060
Total agregado	–	–	–	–	**(57.300)**	**(63.000)**

Nessa tabela, as camisas dos tipos social, esportiva e infantil foram agrupadas formando uma família de produtos agregados (Total agregado).

A produção trabalha em 2 turnos de 7 horas, cada turno com 10 funcionários durante 5 dias por semana. Cada funcionário produz 7 camisas por hora. Vamos considerar, inicialmente, o mês com 20 dias úteis e desconsiderar todas as perdas. Assim:

- Capacidade diária = 10 funcionários × 7 camisas/hora × 14 horas (2 turnos) = 980.
- Capacidade semanal = capacidade diária × 5 = 980 × 5 = 4.900 camisas.
- Capacidade mensal = 980 × 20 dias = 19.600 camisas.
- Capacidade da máquina de costura = 700 h/semana.
- Custo de mão de obra e insumo por camisa = R$ 10,00.
- Custo de mão de obra e insumo por camisa com hora extra = R$ 12,00.
- Custo médio do produto estocado = R$ 2,00 camisa/mês.
- Observe: por lei, são permitidas, no máximo, duas horas extras/dia.
- Política de produção: produção constante e igual à capacidade (19.600).

Inicialmente organizou-se o plano de produção com base nesses dados e conforme mostrado na Tabela 5.2. A previsão de demanda do primeiro trimestre (57.300) foi dividida entre os meses de janeiro, fevereiro e março, sendo a demanda mensal agregada igual a 19.100 camisas. O mesmo foi feito com a demanda prevista para o segundo trimestre, de 63.000. Observe que, no mês de janeiro, a produção excedente (produção – demanda) de 500 camisas vai para o estoque a um custo de

R$ 1.000,00 (500 × R$ 2,00). No mês de abril, a produção será inferior à demanda prevista de 1.400 unidades, que serão retiradas do estoque. Nos meses de maio e junho, será necessário produzir 1.400 camisetas a um custo de R$ 12,00 por hora extra. Optou-se por 1.400 camisetas, equivalentes a 200 horas extras. No mês de janeiro, a produção normal custará R$ 196.000,00, que, somada ao custo de estoque (R$ 1.000,00), terá um custo previsto de R$ 197.000,00. O custo total desse plano é estimado em R$ 1.216.600,00.

Tabela 5.2 – Registro do plano de produção

Plano de produção	Jan.	Fev.	Mar.	Abr.	Maio	Jun.
Demanda	19.100	19.100	19.100	21.000	21.000	21.000
Produção normal	19.600	19.600	19.600	19.600	19.600	19.600
Produção – Demanda	500	500	500	(1.400)	(1.400)	(1.400)
Estoque acumulado (estoque inicial = 0)	500	1.000	1.500	100	–	–
Número de camisas com hora extra	0	0	0	0	1.400	1.400
Estoque com hora extra					100	100
Custos (R$)	**Jan.**	**Fev.**	**Mar.**	**Abr.**	**Maio**	**Jun.**
Produção normal (10,00)	196.000,00	196.000,00	196.000,00	196.000,00	196.000,00	196.000,00
Hora extra (12,00)	0	0	0	0	16.800,00	16.800,00
Custo de estoque (2,00)	1.000,00	2.000,00	3.000,00	200,00	200,00	200,00
Custo mensal	197.000,00	198.000,00	199.000,00	196.200,00	213.000,00	213.000,00
Custo total	–	–	–	–	–	**1.216.200,00**

O **plano de produção**, quando transformado em **valores monetários**, permite comparar o custo de outras políticas de produção (ex.: criação de estoque de segurança, produção flexível igual à demanda, plano de produção sem hora extra etc.). O melhor plano será aquele que melhor contribuir para os objetivos da produção definidos no plano de negócio.

É possível melhorar o plano de produção, reduzindo seu custo. Em vez de produzir 1.400 camisas com 20 horas extras, serão programadas 1.302 camisas (186 horas extras) no mês de maio (Tabela 5.3). Fazemos uma regra de três:

1 hora extra = 7 camisas

x horas extras = 1.300

x = 185,7 ou 186 horas extras

186 × 7 camisas = 1.302 camisas

Exemplo 7

Continuando com o caso do fabricandte de camisas, podemos chegar aos seguintes registros:

Tabela 5.3 – Registro do plano de produção melhorado

Plano de produção	Jan.	Fev.	Mar.	Abr.	Maio	Jun.
Demanda	19.100	19.100	19.100	21.000	21.000	21.000
Produção normal	19.600	19.600	19.600	19.600	19.600	19.600
Produção – Demanda	500	500	500	(1.400)	(1.400)	(1.400)
Estoque acumulado (estoque inicial = 0)	500	1.000	1.500	100	–	2
Número de camisas com hora extra	0	0	0	0	1.302	1.400
Estoque com hora extra					2	
Custo (R$)	**Jan.**	**Fev.**	**Mar.**	**Abr.**	**Maio**	**Jun.**
Produção normal (10,00)	196.000,00	196.000,00	196.000,00	196.000,00	196.000,00	196.000,00
Hora extra (12,00)	0	0	0	0	15.624,00	16.800,00
Custo de estoque (2,00)	1.000,00	2.000,00	3.000,00	200,00	4,00	4,00
Custo mensal	197.000,00	198.000,00	199.000,00	196.200,00	211.628,00	212.804,00
Custo total	–	–	–	–	–	**1.214.632,00**

Nesse caso, reduziram-se as quantidades de horas extras e de estoques e, consequentemente, o custo total (CT) diminuiu (R$ 1.214.632,00).

5.2.2 Análise da capacidade de longo prazo do planejamento agregado da produção

No PAP, analisamos a utilização da **capacidade dos recursos críticos ou gargalos**. Examinamos o padrão de consumo (horas/unidades) de determinada família de produto em cada período do plano de produção. Nessa fase, quando necessário, ajustamos a capacidade antecipando ou postergando a produção.

No PAP do Gráfico 5.1, podemos observar uma produção superior à demanda nos meses de janeiro, fevereiro e março. A quantidade excedente será estocada e, então, consumida nos meses de abril (1.400 un.) e maio (100 un.).

Gráfico 5.1 – Análise do uso da capacidade

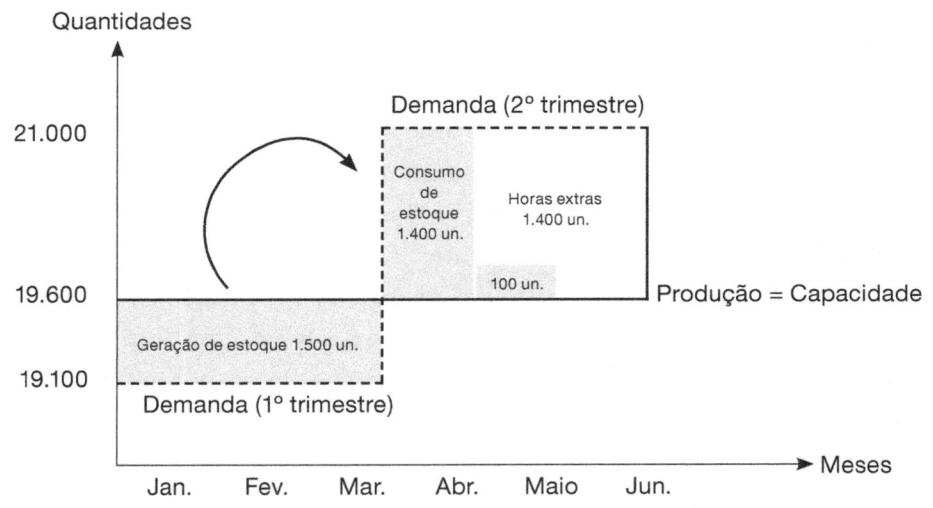

5.3 Plano mestre de produção

O PMP é uma etapa posterior ao PAP, em que o planejamento passa a ser realizado não mais na forma agregada (em famílias de produtos), mas **por produto**. Para isso, precisamos criar um registro no qual são informados o período e a quantidade de processamento de cada um dos produtos. Além da demanda determinada pela previsão, o PMP incorpora a demanda de outras fontes, como carteira confirmada de pedidos de clientes, necessidades de estoques de segurança e demanda de armazéns de distribuição e de exportação. No registro do PMP, informamos o lote econômico de produção (LEP) e o *lead time* de produção ou tempo de atravessamento. O horizonte de tempo coberto por um PMP é variável, indo de semanas até meses.

Lead time é o tempo necessário entre o pedido e a entrega do produto.

Fonte: Slack; Chambers; Johnston, 2009.

Exemplo 8

Exemplificando, imaginemos um produto com as seguintes fases de produção:

Quadro 5.2 – Exemplo de lead time

Atividade	Tempo de espera
Compra de matérias-primas	2 semanas
Fabricação dos componentes	3 semanas
Pintura	1 semana
Montagem final	1 semana
Total	**7 semanas**

Nesse caso, o PMP deve considerar e cobrir pelo menos 7 semanas. Se não existirem estoques de matérias-primas, componentes e submontagens, a data mais próxima para obtermos o produto final será daqui a sete semanas, fazendo-se hoje o pedido de compra da matéria-prima.

5.3.1 Elaborando o plano mestre de produção

Usualmente, o período utilizado no PMP é de semanas, com um horizonte de alguns meses. Nesse nível de planejamento de médio prazo, as informações de demanda prevista e confirmada são registradas por produto.

A realização do PMP se dá pelas seguintes etapas:

1ª etapa – Elaborar o registro PMP por produto.

2ª etapa – Estabelecer o horizonte (ex.: seis meses) e os períodos de tempo (ex.: semanas) a serem incluídos no plano.

3ª etapa – Informar a previsão de demanda e os pedidos confirmados.

4ª etapa – Calcular o PMP por produto.

5ª etapa – Somar os PMPs da família do produto.

6ª etapa – Analisar a capacidade produtiva, sobrecarga e subcarga.

7ª etapa – Ajustar a capacidade se necessário.

Exemplo 9

Vamos tomar o exemplo do PMP para o produto camisa social nos meses de janeiro e fevereiro. A demanda de 31.200 camisas para o primeiro trimestre equivale a 2.600 camisas semanais.

Para as camisas tipo social e esportiva, consideramos LEP = 500 camisas sem *lead time*, ou seja, produzidas na mesma semana.

Tabela 5.4 – Registro do PMP para camisas sociais

Camisas sociais (LEP = 500)	Jan.				Fev.			
Demanda mensal	10.400				10.400			
Semanas	1	2	3	4	1	2	3	4
Demanda semanal	2.600	2.600	2.600	2.600	2.600	2.600	2.600	2.600
Pedidos confirmados	2.500	3.000	2.500	3.000	2.500	2.400	2.400	2.000
Estoque (EI = 3.100)	500	0	400	400	300	200	100	0
PMP		2.500	3.000	3.000	2.500	2.500	2.500	2.500

Na primeira semana de janeiro, temos o estoque inicial (EI) de 3.100 unidades. Subtraindo da demanda semanal prevista de 2.600 unidades, teremos, no final da primeira semana, a quantidade de 500 camisas no estoque. Não é necessário programarmos PMP nessa semana. A segunda semana inicia-se com 500 camisas estocadas – EI do período = estoque final (EF) do período anterior –, mas terá de atender a pedidos confirmados de 3.000 unidades (escolher sempre o maior entre demanda prevista e pedido confirmado). Nesse caso, será necessário programarmos 2.500 camisas no PMP.

De forma análoga, é feito o PMP para o produto camisa esportiva.

Tabela 5.5 – Registro do PMP para camisas esportivas

Camisas esportivas (LEP = 500)	Jan.				Fev.			
Demanda prevista	3.360				3.360			
Semanas	1	2	3	4	1	2	3	4
Demanda prevista	840	840	840	840	840	840	840	840
Pedidos confirmados	900	800	700	700	700	700	700	700
Estoque (EI = 0)	100	260	420	80	240	400	60	220
PMP	**1.000**	**1.000**	**1.000**	**500**	**1.000**	**1.000**	**500**	**1.000**

Para a camisa tipo infantil, consideramos LEP = 500 camisas e *lead time* = 1 semana, ou seja, um LEP de 500 camisas infantis deverá ser programado uma semana antes. No período da segunda semana de janeiro, será necessário programarmos 1.500 unidades, que ficarão prontas somente na terceira semana. Os números em destaque na Tabela 5.6 indicam a programação antecipada em virtude de *lead time* de 1 semana.

Tabela 5.6 – Registro do PMP para camisas infantis

Camisas infantis (LEP = 500; *Lead time* = 1 semana)	Jan.				Fev.			
Demanda prevista	5.340				5.340			
Semanas	1	2	3	4	1	2	3	4
Demanda prevista	1.335	1.335	1.335	1.335	1.335	1.335	1.335	1.335
Pedidos confirmados	1.400	1.400	1.400	1.400	1.200	1.200	1.200	1.200
Estoque (EI = 2.800)	1.400	0	100	200	365	30	195	360
PMP	–	**1.500**	**1.500**	**1.500**	**1.000**	**1.500**	**1.500**	–

Na próxima etapa, consolidamos o PMP dos três tipos de camisas.

Tabela 5.7 – Registro consolidado do PMP

	Jan.				Fev.			
Semanas	1	2	3	4	1	2	3	4
PMP camisas sociais	–	2.500	3.000	3.000	2.500	2.500	2.500	2.500
PMP camisas esportivas	1.000	1.000	1.000	500	1.000	1.000	500	1.000
PMP camisas infantis	–	1.500	1.500	1.500	1.000	1.500	1.500	–
PMP total	**1.000**	**5.000**	**5.500**	**5.000**	**4.500**	**5.000**	**4.500**	**3.500**

Analisando as capacidades informadas anteriormente, teremos:

Tabela 5.8 – Análise da capacidade no PMP

	Jan.				Fev.			
Semanas	1	2	3	4	1	2	3	4
PMP total	1.000	5.000	5.500	5.000	4.500	5.000	4.500	3.500
Capacidade disponível	4.900	4.900	4.900	4.900	4.900	4.900	4.900	4.900
Subcarga (ociosidade)	3.900	–	–	–	400	–	400	1.400
Sobrecarga	–	100	600	100	–	100	–	–

Podemos observar períodos de **sobrecarga** e **subcarga** na utilização da capacidade produtiva, considerando a capacidade disponível. O programador deve usar sua experiência para **balancear a produção**, evitando sobrecargas e ociosidades demasiadas. É possível anteciparmos a produção a partir da segunda semana de janeiro. Para isso, é importante que consideremos o LEP.

5.3.2 Análise da capacidade de médio prazo do plano mestre de produção

Neste momento do PCP, precisamos verificar a **carga máquina** ou a **carga mão de obra** dos recursos críticos para as quantidades de produtos previstas no PMP. A capacidade dos recursos considera os produtos individualmente, pois estes carregam os recursos (equipamentos) de forma diferenciada.

Para o exemplo do fabricante de camisas, temos a seguinte carga máquina para a máquina de costura (considere a capacidade de 700 horas/máquina semanal):

Tabela 5.9 – Carga máquina de costura

Camisas	Máquina de costura horas/unidade
Sociais	0,18
Esportivas	0,14
Infantis	0,10

Os valores do PMP da Tabela 5.7 são multiplicados pela carga máquina de costura, conforme a Tabela 5.10.

Tabela 5.10 – Carga máquina de costura para o PMP

Carga máquina de costura	Jan.				Fev.			
Semanas	1	2	3	4	1	2	3	4
Camisas sociais	–	450	540	540	450	450	450	450
Camisas esportivas	140	140	140	70	140	140	70	140
Camisas infantis	–	150	150	150	100	150	150	–
Carga total (necessária)	140	740	830	760	690	740	670	590

Observe que, para 1.000 camisas esportivas previstas na primeira semana de janeiro (Tabela 5.7), serão consumidas 1.000 × 0,14 = 140 horas da máquina de costura.

A análise da capacidade de médio prazo identifica sobrecargas e subcargas no recurso máquina de costura, apresentadas na Tabela 5.11. Observamos uma ociosidade de 560 horas na primeira semana de janeiro e um excesso de capacidade na segunda, terceira e quarta semanas do mesmo mês, que devem ser ajustados.

Tabela 5.11 – Análise da capacidade da máquina de costura

	Jan.				Fev.			
Semanas	1	2	3	4	1	2	3	4
Capacidade disponível	700	700	700	700	700	700	700	700
Carga total (necessária)	140	740	830	760	690	740	670	590
Subcarga (ociosidade)	560	–	–	–	10	–	30	110
Sobrecarga	–	40	130	60	–	40	–	–

Pelo método de tentativa e erro, devemos realizar novo ajuste do PMP da Tabela 5.7, antecipando para a primeira semana de janeiro a programação da produção de camisas do tipo social de 2.500 unidades, sendo 500 unidades da segunda semana, 1.000 da terceira, 500 da quarta e 500 da segunda semana de fevereiro. Podemos visualizar os ajustes na tabela a seguir.

Tabela 5.12 – Registro consolidado e ajustado do PMP

	Jan.				Fev.			
Semanas	1	2	3	4	1	2	3	4
PMP camisas sociais	(2.500)	2.000	2.000	2.500	2.500	2.000	2.500	2.500
PMP camisas esportivas	1.000	1.000	1.000	500	1.000	1.000	500	1.000
PMP camisas infantis	–	1.500	1.500	1.500	1.000	1.500	1.000	–
PMP total	**3.500**	**4.500**	**4.500**	**4.500**	**5.000**	**4.500**	**4.000**	**3.500**

Como o PMP foi ajustado, verificamos novamente a capacidade no recurso máquina de costura. A carga da primeira semana de janeiro de 608 é resultante de 468 horas (2.600 × 0,18) da camisa social e de 140 horas (1.000 × 0,14) da camisa esportiva. Da mesma forma, calculamos a capacidade para as demais semanas.

Tabela 5.13 – Análise da capacidade da máquina de costura com o PMP ajustado

Carga máquina de costura	Jan.				Fev.			
Semanas	1	2	3	4	1	2	3	4
Camisa social	450	360	360	450	450	360	450	450
Camisa esportiva	140	140	140	70	140	140	70	140
Camisa infantil	–	150	150	150	100	150	100	–
Carga total (necessária)	**590**	**650**	**650**	**670**	**690**	**650**	**620**	**590**

Para exemplificarmos o uso da capacidade, calculamos o percentual por semana. É possível observarmos um alto percentual nas semanas do PMP.

Tabela 5.14 – Ajuste da capacidade da máquina de costura

	Jan.				Fev.			
Semanas	1	2	3	4	1	2	3	4
Capacidade disponível	700	700	700	700	700	700	700	700
Carga total (necessária)	590	650	650	670	690	650	620	590
% de uso da capacidade	**84,3**	**92,9**	**92,9**	**95,7**	**95,7**	**92,9**	**88,6**	**84,3**

Observamos, ainda, que o PMP ajustado será congelado para um período curto (ex.: duas semanas), que servirá de base para a programação. Nesse período congelado, só serão permitidas alterações por motivos especiais e com as devidas autorizações. No outro período, sujeito a alterações, o PMP está aberto para negociações com os demais departamentos da organização.

■ Síntese

O PCP consiste na alocação de recursos de produção (materiais, máquinas, equipamentos e pessoas) para a produção de bens e serviços demandados pelos clientes em um sistema produtivo. Com base no PCP, a empresa tem uma gestão eficiente de seu sistema de produção. Duas importantes etapas do PCP foram detalhadas neste capítulo: a etapa de longo prazo, que resulta no PAP, e a etapa de médio prazo, que resulta no PMP. O PAP é o processo de balanceamento da produção com a demanda, projetada para horizontes de longo prazo. O objetivo do PAP é combinar os recursos produtivos, objetivando atender à demanda, e conseguir um custo mínimo. Já o PMP é um plano desenvolvido posteriormente ao PMP, que busca realizar o planejamento de médio prazo de produtos individualizados.

■ Questões para revisão

1. Cite outras estratégias de produção utilizadas para minimizar custos de produção além das mencionadas no texto.

2. Elabore um PAP para um fabricante de celulares com taxa de produção constante de 730 un./mês com possibilidade de horas extras de até 20 un./mês, subcontratação de até 50 un./mês e estoque final (EF) não inferior a 100 unidades. Considere:

    - Custos de produção/un.: Normal = R$ 5,00 – Extra = R$ 7,00 – Subcontratação = R$ 9,00.
    - Custo do estoque médio (EM) mensal: R$ 1,00.

Mês	Estoque inicial (EI)	Produção normal – extra – subcontratação	Demanda	EF	EM
1	100		750		
2			750		
3			740		
4			590		
5			540		
6			450		
7			730		
8			830		
9			830		
10			930		
11			930		
12			910		
Soma					
Custo total					

3. Considere que uma família de produtos é formada pelos produtos P1 e P2 e que a demanda prevista é de 60% de P1 e 40% de P2. Para uma política de produção constante, elabore o PMP para oito semanas e analise sua capacidade. Ajuste o PMP se necessário. Considere os seguintes dados:

   - Estoque inicial = 700 para a família, sendo 490 para P1 e 210 para P2.
   - Estoque de segurança = 500 para a família, sendo 300 para P1 e 200 para P2.

Registro do plano de produção			
Mês	Jan.	Fev.	Total
Previsão da demanda	11.000	14.000	25.000
Plano de produção	12.500	12.500	25.000
Estoque inicial	700	2.200	
Estoque final	2.200	700	

Uso da capacidade das máquinas			
Produto/Máquina	X	Y	Z
P1	0,1	–	0,12
P2	–	0,16	0,08
Capacidade	350	350	350

4. No registro do PMP, qual a diferença entre *demanda prevista* e *demanda confirmada*? Qual dessas duas demandas devemos utilizar para o cálculo do PMP?

5. Sobre o plano de produção e o PMP, é correto afirmar:
   a. O registro do plano de produção emprega períodos de horas ou dias.
   b. O PMP emprega uma unidade de planejamento de semanas ou, no máximo, meses, para produtos com ciclos produtivos longos.
   c. O plano de produção considera produtos individuais.
   d. O PMP considera famílias de produtos.

6. São fatores que influenciam o horizonte de planejamento de um PMP, **exceto**:
   a. Tempo de fabricação do produto.
   b. Tempo de aquisição dos componentes do produto.
   c. Estrutura do produto e sequência da fabricação.
   d. Capacidade produtiva, sobrecargas e subcargas.

■ Questões para reflexão

1. Qual a relação entre diversas áreas de uma empresa e a elaboração do PMP?

2. Como o desenvolvimento de produtos com ciclos de vida cada vez menores e customizados afeta o planejamento da produção?

■ Para saber mais

TUBINO, F. D. **Planejamento e controle da produção**: teoria e prática. 2. ed. São Paulo: Atlas, 2009.

Essa é uma obra clássica na literatura do PCP no Brasil. Esse livro apresenta um modelo de PCP com as funções de planejamento estratégico da produção (longo prazo), PMP (médio prazo) e programação e acompanhamento da produção (curto prazo). Essa obra também realiza uma introdução aos jogos computacionais como ferramenta de apoio didático para o ensino das funções do PCP.

6 Programação e controle da produção

Conteúdos do capítulo:
- *Conceituação de programação da produção.*
- *Definição de* produção empurrada e produção puxada.
- *Apresentação das regras de sequenciamento da produção.*
- *Introdução ao Program Evaluation an Review Technique (Pert) e ao Critical Path Method (CPM).*
- *Detalhamento do controle da produção.*

Após o estudo deste capítulo, você será capaz de:
1. *programar a produção de um sistema produtivo;*
2. *identificar se a produção é puxada ou empurrada;*
3. *desenvolver o sequenciamento da produção baseado em regras;*
4. *utilizar as técnicas Pert/CPM;*
5. *controlar a produção de um sistema.*

6.1 Programação da produção

Programar a produção é uma atividade operacional que encerra as etapas do planejamento e controle da produção (PCP), iniciado com os planejamentos agregado de produção (PAPs) e desagregado, por produto, no planejamento mestre de produção (PMP). A partir do momento em que o registro do PMP informa o que será produzido – quais produtos e quantidades –, começa então a problemática da programação e do controle da produção, para que possamos cumprir o PMP. Para atingirmos os objetivos deste, são necessárias várias informações que nos permitam "explodir" (desdobrar) o produto em seus componentes e materiais no sistema de planejamento de recursos materiais (MRP), conforme listadas na figura a seguir.

Figura 6.1 – Fluxograma da programação e controle da produção

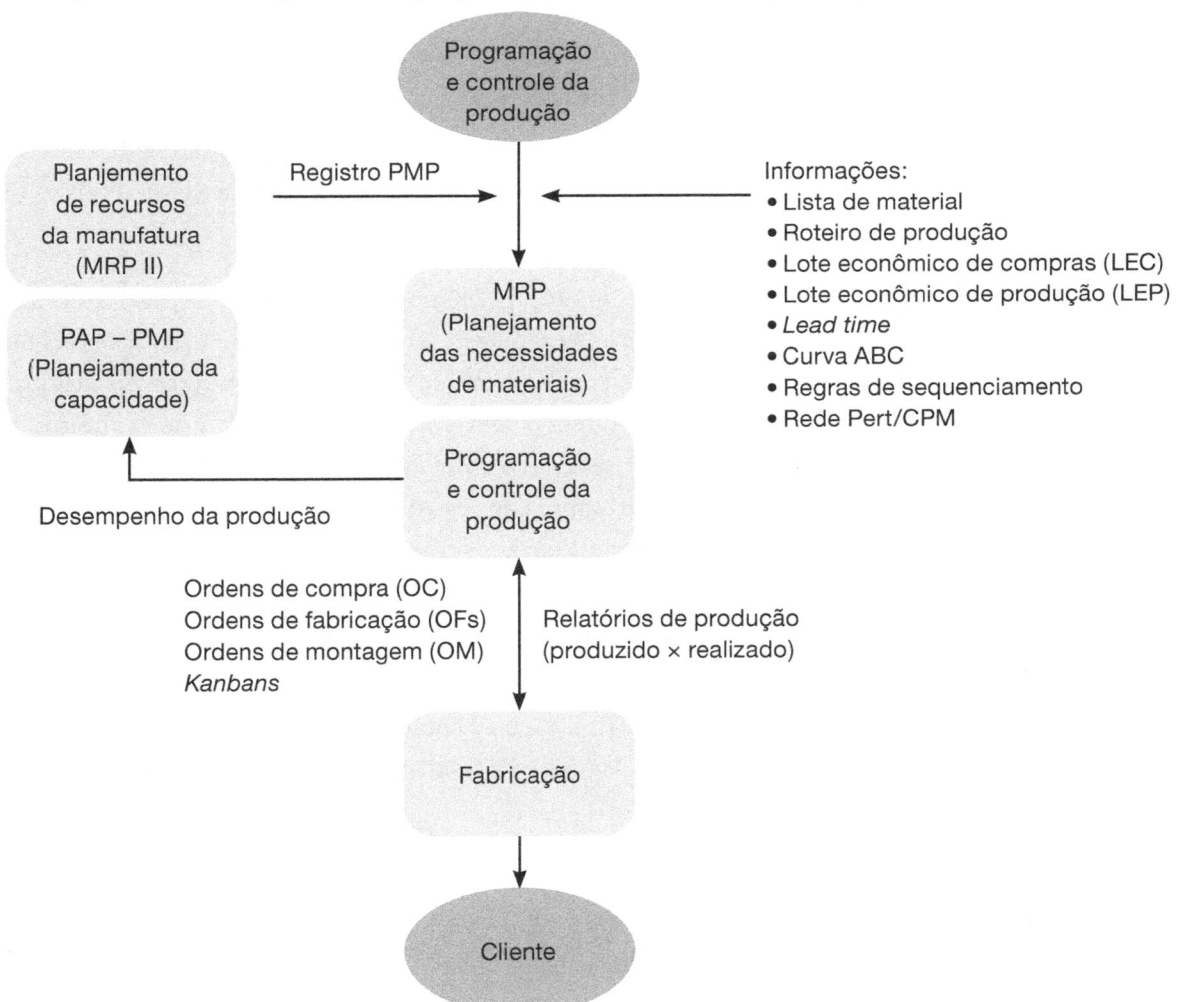

```
                    ┌─────────────────┐
                    │  Programação    │
                    │  e controle da  │
                    │    produção     │
                    └─────────────────┘
                             │
   ┌──────────────┐  Registro PMP        Informações:
   │ Planjemento  │ ─────────►  ◄─────── • Lista de material
   │ de recursos  │                      • Roteiro de produção
   │ da manufatura│                      • Lote econômico de compras (LEC)
   │   (MRP II)   │                      • Lote econômico de produção (LEP)
   └──────────────┘         ┌─────────┐  • Lead time
                            │   MRP   │  • Curva ABC
   ┌──────────────┐         │(Planej. │  • Regras de sequenciamento
   │   PAP – PMP  │         │das nec. │  • Rede Pert/CPM
   │(Planejamento │         │de mat.) │
   │da capacidade)│         └─────────┘
   └──────────────┘              │
         ▲                ┌─────────────┐
         │                │ Programação │
  Desempenho da produção  │ e controle  │
                          │ da produção │
                          └─────────────┘
         Ordens de compra (OC)        ▲
         Ordens de fabricação (OFs)   │  Relatórios de produção
         Ordens de montagem (OM)      │  (produzido × realizado)
         Kanbans                      │
                             ┌─────────────┐
                             │  Fabricação │
                             └─────────────┘
                                    │
                             ┌─────────────┐
                             │   Cliente   │
                             └─────────────┘
```

A função programação se materializa na forma de uma série de **instruções e documentos** necessários para o gerenciamento da produção. Os mais tradicionais são a programação e a emissão de:

- ordens de transporte (OTs) e ordens de compra (OCs);
- ordens de produção (OPs), ordens de montagem (OMs) ou ordens de fabricação.

No caso de operarmos no *just in time* (JIT), a programação é realizada por meio de cartões chamados *kanban*, conforme veremos na Seção 6.2.

Os principais objetivos da programação da produção são:

- fazer com que os recursos (máquinas e pessoas) operem com os níveis desejados de produtividade;
- reduzir os níveis de estoques e os custos operacionais (ex.: número de horas extras);
- manter ou melhorar o nível de atendimento ao cliente (ex.: atendimento de prazos).

Para atingir esses objetivos, a programação realiza as seguintes atividades:

- carregamento dos recursos (alocação);
- avaliação da carga de trabalho, comparando as necessidades de mão de obra, de tempo de produção e de materiais planejados e disponíveis;
- sequenciamento das OPs.

O sequenciamento das OPs envolve, primeiramente, o processo de distribuir as atividades necessárias entre os diversos centros de trabalho. Essa fase recebe o nome de *alocação de carga*. Tendo em vista que diferentes itens ou atividades podem aguardar o processamento em determinado centro de trabalho, a programação da produção também pode determinar a ordem de processamento desses itens. A essa fase damos o nome de *sequenciamento da produção*. O foco de atenção na programação recai, então, sobre essas duas responsabilidades básicas: **alocação de carga** e **sequenciamento de tarefas**.

Em um nível operacional, o PCP atinge seus objetivos pela emissão de OCs, OTs, OMs e OFs, conforme ilustrado na Figura 6.2. Observe que o PCP emite as ordens para os centros de trabalho, para as compras e para os estoques. Quando os itens estão disponíveis, programa-se a montagem do produto final conforme demandado pelo mercado.

Figura 6.2 – Emissão de OCs, OFs, OTs e OMs

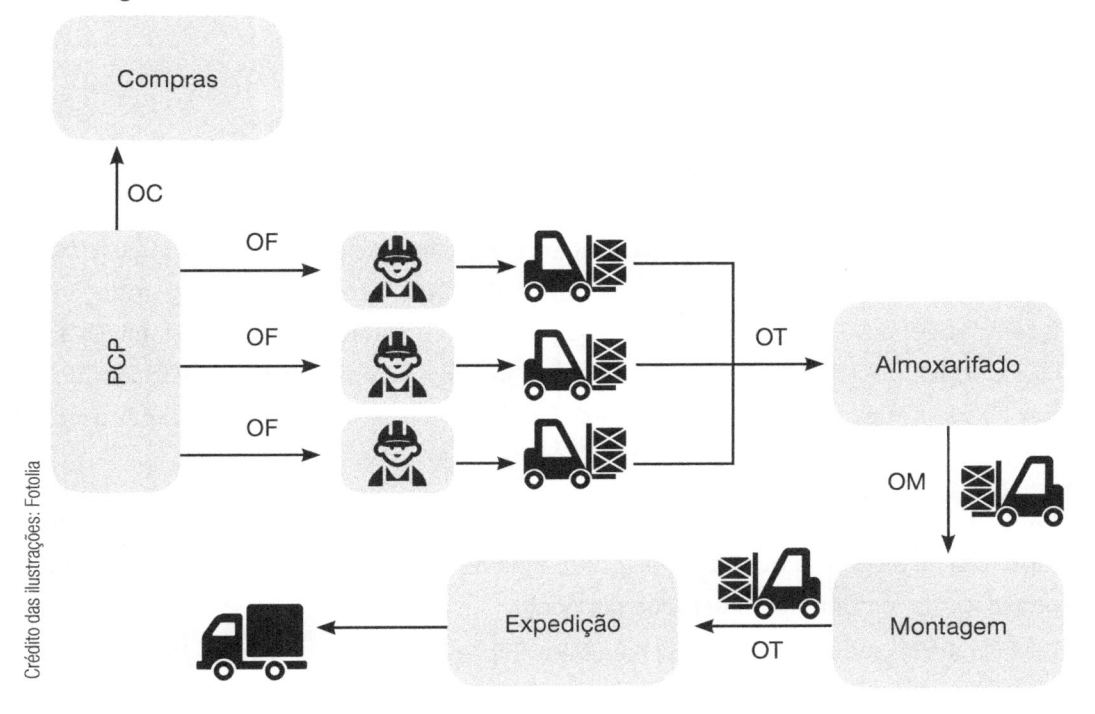

Para uma **programação eficaz**, é necessário que:

- os tempos de processo e operação sejam conhecidos;
- não haja superposição de operações nas máquinas;
- cada operação acabe antes do início da outra;
- os recursos estejam disponíveis sem quebras de máquina e falta de operadores;
- os prazos de entrega sejam conhecidos;
- as sequências de operações sejam padronizadas;
- exista espaço para armazenar as ordens em processo.

6.2 Programação e controle da produção com *kanbans*

A programação do sistema de produção tradicional, conhecida como *just in case* (JIC), difere da produção no sistema JIT. Enquanto no JIC a programação é centralizada no PCP, "empurrando" a produção pela emissão das ordens (OCs, OFs e OMs), no JIT estas são substituídas pelos **cartões *kanbans***, configurando um sistema descentralizado e "puxado" pela montagem, conforme descrito na Figura 6.3.

Kanban é um cartão ou uma etiqueta de pedido de trabalho sujeito à circulação repetitiva na área de produção. Ele acompanha as peças ou os materiais, facilitando, dessa forma, o controle de estoque no local.

Os cartões *kanban* contêm as seguintes informações:

- descrição da peça;
- capacidade do contenedor em número de peças;
- descrição do centro de trabalho e processo;
- local de estocagem no supermercado;
- necessidades de materiais.

Observe as linhas pontilhadas nas figuras 6.3 e 6.4, tanto no JIT como no JIC. No **sistema empurrado** (JIC), procuramos produzir o máximo possível, carregando os recursos. Os produtos são "empurrados" para os estoques. A programação prioriza a alta eficiência na utilização dos recursos. Por outro lado, no JIT, quando a montagem final retira componentes do supermercado para atender a uma demanda, apenas os itens retirados devem ser repostos pela pré-montagem – ou seja, os novos produtos são "puxados" pela necessidade do estoque. A informação (quantidade retirada de um item e sua localização no supermercado) é repassada para a estação anterior por meio do ciclo *kanban*. Assim, a programação é feita no "chão de fábrica", pelos próprios operadores, que priorizam a produção via *kanbans*.

O sistema JIT de realimentação foi desenvolvido pelo engenheiro japonês Kiichiro Toyoda, em 1950, verificando o funcionamento de um supermercado nos EUA. Ele observou o método de reposição e controle das mercadorias, com registros colocados nas prateleiras. À medida que os clientes retiravam as mercadorias das prateleiras, elas eram realimentadas pelos funcionários. Mais tarde, em 1956, Taiichi Ohno adotou esse (novo) sistema de reposição de estoque, na Toyota, baseado nos supermercados dos Estado Unidos. Esse princípio de reposição, chamado *princípio do supermercado*, originou a produção puxada e o uso do *kanban*, por Taiichi Ohno, criador do sistema de produção Toyota.

Figura 6.3 – Sistema empurrado (centralizado) – JIC

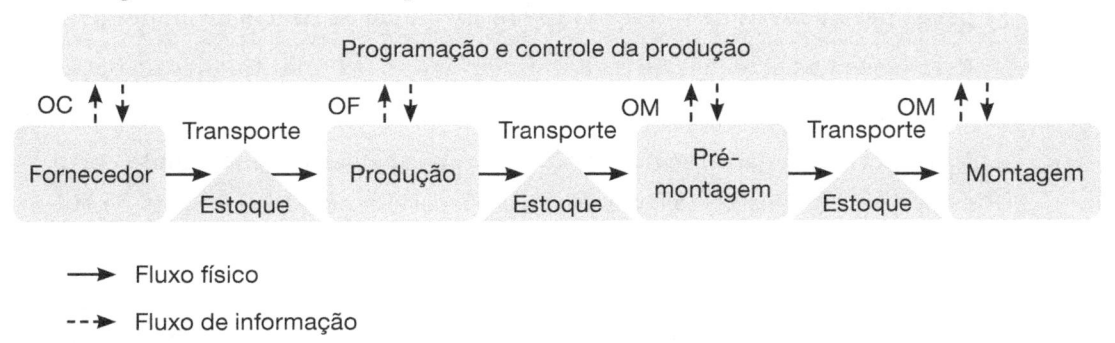

Figura 6.4 – Sistema puxado (descentralizado) – JIT

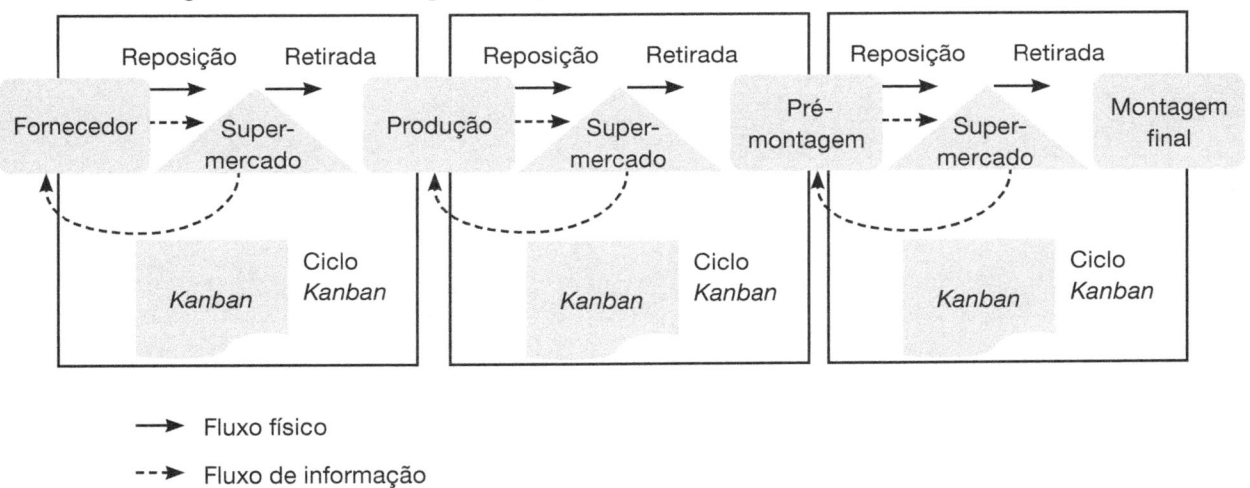

O ciclo *kanban* assegura que a linha de produção fabricará as peças ou os componentes que devem ser usados pela próxima etapa de produção. A produção só opera quando o processo seguinte usar seu suprimento de peças disponíveis. A principal vantagem do *kanban* é que os operários decidem sobre o programa de produção, isto é, sobre o próximo lote a ser fabricado. O controle de produção fica totalmente ligado à linha de montagem final (puxada) e opera com os seguintes passos:

1. O PCP fornece um programa de montagem final de acordo com a demanda.
2. A linha de montagem final requisita (puxa) das estações de trabalho ou das linhas que alimentam a montagem final a quantidade de peças necessárias nos tempos necessários. As peças são movidas e controladas em contenedores padronizados e de tamanho pequeno.
3. As estações de trabalho alimentam a linha de montagem final e fabricam peças para substituir as requisitadas (enviadas às linhas de montagem).
4. Essas mesmas estações de trabalho requisitam as quantidades de peças necessárias para as estações de trabalho que as alimentam.
5. Dessa forma, cada estação de trabalho repõe as peças no momento certo e em quantidades certas, conforme as necessidades das estações de trabalho que alimenta.

Nos supermercados, por exemplo, o emprego de prateleiras permite o uso eficiente do local. Todos os itens têm um local específico. Os endereços de locação das peças são exibidos nos *kanbans*, para que todos possam lê-los rapidamente.

6.3 Sequenciamento da produção

A sequência das ordens de produção (OPs) influi diretamente no uso da **capacidade dos equipamentos**, nos **tempos de produção** e no **tempo de espera** do produto ou de uma máquina.

Exemplo 1

Na Tabela 6.1, a seguir, vemos o exemplo de três produtos (A, B e C) e as horas necessárias para cada uma das máquinas (M1, M2 e M3) necessárias para sua fabricação. O produto precisa trabalhar 1 hora na M1, 2 horas na M2 e 3 horas na M3. Ele ficará pronto após passar pela M4, onde necessita de 1 hora. Vamos supor que precisamos calcular o tempo total de produção para todas as sequências e o tempo de máquina parada. Qual seria a melhor sequência?

Tabela 6.1 – Sequência de produção e tempos de operação

Produto	A	B	C
M1	1	2	1
M2	2	1	1
M3	2	1	3
M4	1	1	2

Na primeira sequência (ABC – Tabela 6.2), o produto *A* ocupa a máquina M1 durante 1 hora, depois é operado na máquina M2 (2 horas), segue para a M3 (2 horas) e, então, chega a M4 (1 hora). O produto *B* começa a ser trabalhado na segunda e na terceira horas na M1 e segue a sequência.

Tabela 6.2 – Sequência ABC

Horas \ Máquinas	1	2	3	4	5	6	7	8	9	10	11	12
M1	A	B	B	C								
M2		A	A	B	C							
M3				A	A	B	C	C	C			
M4						A	B			C	C	

Tempo total de fabricação: 11 horas

Tempo de máquina parada: 2 horas

Tabela 6.3 – Sequência ACB

Máquinas \ Horas	1	2	3	4	5	6	7	8	9	10	11	12
M1	A	C	B	B								
M2		A	A	C	B							
M3				A	A	C	C	C	B			
M4						A			C	C	B	

Tempo total de fabricação: 11 horas

Tempo de máquina parada: 2 horas

Tabela 6.4 – Sequência BAC

Máquinas \ Horas	1	2	3	4	5	6	7	8	9	10	11	12
M1	B	B	A	C								
M2			B	A	A	C						
M3				B		A	A	C	C	C		
M4					B			A			C	C

Tempo total de fabricação: 12 horas

Tempo de máquina parada: 5 horas

Tabela 6.5 – Sequência BCA

Máquinas \ Horas	1	2	3	4	5	6	7	8	9	10	11	12
M1	B	B	C	A								
M2			B	C	A	A						
M3				B	C	C	C	A	A			
M4					B			C	C	A		

Tempo total de fabricação: 10 horas

Tempo de máquina parada: 2 horas

Tabela 6.6 – Sequência CAB

Horas Máquinas	1	2	3	4	5	6	7	8	9	10	11	12
M1	C	A	B	B								
M2		C	A	A	B							
M3			C	C	C	A	A	B				
M4						C	C	A	B			

Tempo total de fabricação: 9 horas

Tempo de máquina parada: 0 hora

Tabela 6.7 – Sequência CBA

Horas Máquinas	1	2	3	4	5	6	7	8	9	10	11	12
M1	C	B	B	A								
M2		C		B	A	A						
M3			C	C	C	B	A	A				
M4						C	C	B	A			

Tempo total de fabricação: 9 horas

Tempo de máquina parada: 1 hora

A Tabela 6.8 compara o tempo total de fabricação com o tempo de máquina parada para cada sequência, evidenciando a importância da escolha da melhor sequência para melhor uso dos recursos.

Tabela 6.8 – Desempenho de produção

Sequência	ABC	ACB	BAC	BCA	CAB	CBA
Tempo total de fabricação	11	11	12	10	9	9
Tempo de máquina parada	2	2	5	2	0	1

A melhor sequência, nesse caso, é a CBA, pois ela apresenta o menor tempo total de fabricação (9) e possibilita que uma máquina possa, por exemplo, ficar disponível para a manutenção. No entanto, para chegarmos a esse resultado, necessitamos nos basear em certas regras heurísticas de sequenciamento que foram desenvolvidas para auxiliar na escolha da melhor sequência de produção. Elas normalmente atendem a alguns objetivos da programação e estão disponíveis no sistemas MRP. Vamos estudar, na próxima seção, as regras mais comuns.

6.3.1 Regras de sequenciamento

Segundo Tubino (2007) e Frazier e Gaither (2001), as regras mais comuns de sequenciamento são as apresentadas no quadro a seguir.

Quadro 6.1 – Contribuição das regras de sequenciamento

Sigla	Especificações	Definição/Contribuição
Peps	Primeira que entra é a primeira que sai	Os lotes serão processados de acordo com sua chegada no recurso.
MTP	Menor tempo total de processamento	Os lotes serão processados de acordo com os menores tempos de processamento no recurso.
MPE	Menor prazo de entrega	Os lotes com menos prazo de entrega serão processados primeiro, o que contribui para a redução de atrasos e maior uso dos recursos.
IPI	Índice de prioridade	Os lotes serão processados de acordo com o valor da prioridade atribuída ao cliente ou ao produto.
ICR	Índice crítico	Os lotes serão processados de acordo com o menor valor de: $$\frac{\text{data de entrega} - \text{data atual}}{\text{tempo de processamento}}$$
IFA	Índice de falta	Os lotes serão processados de acordo com o menor valor de: $$\frac{\text{quantidade em estoque}}{\text{taxa de demanda}}$$
Ueps	Última a entrar é a primeira a sair	Aplica-se a ordens ou peças que precisam ser empilhadas.
Johnson	Para dois centros de trabalho	Menor tempo de processamento implica maior uso de recursos e consequente redução do atraso médio (veja o algoritmo a seguir).

Fonte: Elaborado com base em Tubino, 2009; Frazier; Gaither, 2001.

Aplica-se o **algoritmo de Johnson** somente em operações que envolvem dois centros de trabalho (duas máquinas, duas linhas de produção, nesses casos, duas máquinas gargalos). A sequência de produção, nesse caso, é definida por algumas regras, a saber:

1ª regra – Escolhermos a OP com o menor tempo de processamento em qualquer um dos centros de trabalho.

2ª regra – Se o menor tempo estiver no primeiro centro (máquina A), devemos programar essa OP em primeiro lugar. Se estiver no segundo centro ou coluna (máquina B), fazemos essa OP por último. Assim, eliminamos essa tarefa (OP).

3ª regra – Repetimos novamente esses passos.

Exemplo 2

Vamos observar o exemplo na Tabela 6.9 e aplicar a regra de Johnson para determinarmos a sequência de produção.

Tabela 6.9 – OPs e tempos (horas) nas máquinas

OPs/Máquinas	MA	MB
OP1	4	2
OP2	1	2
OP3	3	5
OP4	6	4

- Menor tempo: OP2 (1). Como está no primeiro centro (máquina A), será programado primeiro. Elimina-se a OP2.
- Novo menor tempo: OP1 (2). Como o menor tempo está no segundo centro (máquina B), será feito por último.
- Entre as OPs restantes (OP3 e OP4), o menor tempo, de 3 horas (OP3), está no primeiro centro. Então será programada primeiro.

Dessa forma, temos a seguinte sequência: OP2 – OP3 – OP4 – OP1.

Exemplo 3

Para exemplificarmos as regras de sequenciamento, vamos fazer agora o estudo de um caso hipotético, o da Fotocópias S.A. A empresa tem quatro pedidos (P) para entregar. O processo consiste em tirar cópias (máquina 1) e depois encadernar (máquina 2). Além do valor orçado, a Fotocópias S.A. cobra, para cada entrega, R$ 30,00 e devolve R$ 10,00 por dia de atraso. Use os dados da Tabela 6.10 e compare o desempenho de quatro regras de sequenciamento.

Tabela 6.10 – Parâmetros das OPs

Ordem de entrada dos pedidos	Tempo para cópia (dias)	Tempo para encadernação (dias)	Tempo total de processamento (dias)	Prazo de entrega (dias)
P1	4	1	5	8
P2	2	5	7	11
P3	1	3	4	7
P4	4	2	6	15

Foram analisadas as seguintes regras: Peps, MTP, MPE e Johnson. A regra ICR apresenta a sequência P2 (1,57) – P1 (1,60) – P3 (1,75) – P4 (2,5). Vamos analisar o gráfico de Gantt para essas quatro regras de sequenciamento.

O **gráfico de Gantt**, desenvolvido pelo engenheiro Henry Gantt em 1917, é até hoje muito utilizado no controle das etapas de um projeto e de OPs. Ele representa os tempos de início e fim de cada tarefa (eixo x), relacionando-os aos recursos utilizados (eixo y).

Gráfico 6.1 – Regra de sequenciamento Peps (P1, P2, P3, P4)

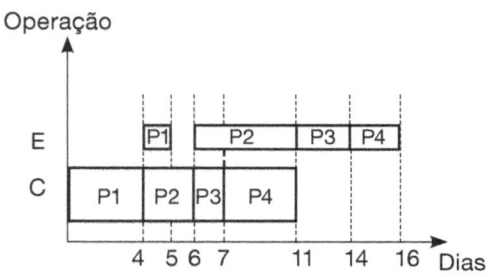

E = Encadernadora
C = Copiadora

Gráfico 6.2 – Regra de sequenciamento MPE (P3, P1, P2, P4)

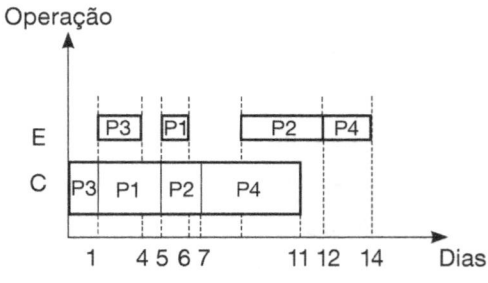

E = Encadernadora
C = Copiadora

Gráfico 6.3 – Regra de sequenciamento MTP (P3, P1, P4, P2)

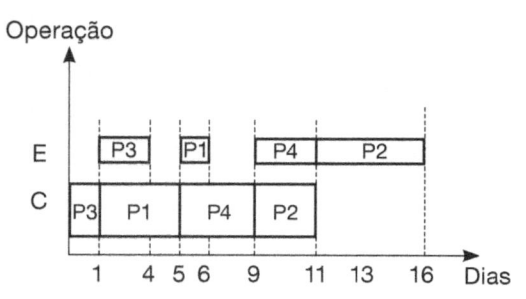

E = Encadernadora
C = Copiadora

Gráfico 6.4 – Regra de sequenciamento Johnson (P3, P2, P4, P1)

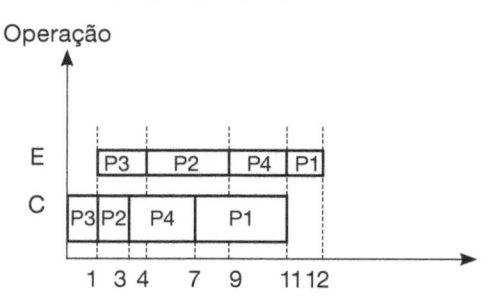

E = Encadernadora
C = Copiadora

As regras apresentam desempenhos diferenciados em relação aos indicador dos gráficos expostos anteriormente. A melhor regra é aquela que melhor apoia os objetivos estratégicos da produção.

Tabela 6.11 – Indicadores de desempenho

Regra	Sequência	Lead time	Máquina parada	Total de atrasos (dias)
Peps	P1 – P2 – P3 – P4	16	1	P1 (0) + P2(0) + P3(7) + P4(1) = 8
MTP	P3 – P1 – P4 – P2	16	4	P3 (0) + P1(0) + P4(0) + P2(8) = 8
MPE	P3 – P1 – P2 – P4	14	3	P3 (0) + P1(0) + P2(1) + P4(0) = 1
Johnson	P3 – P2 – P4 – P1	12	0	P3 (0) + P1(0) + P2(1) + P4(0) = 0

Para a empresa Fotocópias S.A., o objetivo é o atendimento de prazos. No caso do emprego da regra de Johnson, a companhia não apresentaria atrasos (Tabela 6.11), receberia R$ 120,00 pelas quatro entregas e não sofreria nenhuma penalidade por atraso.

O **desempenho das regras** pode variar para determinada composição de OPs, dependendo dos tempos das respectivas etapas de processamento.

6.4 Rede Pert/CPM

Ao final da década de 1950, a Marinha americana buscava um método para controlar o programa de mísseis Polaris. Com a ajuda dos consultores Booz, Allen e Hamilton, criou a técnica de revisão e avaliação de projetos – Pert (do inglês *Program Evaluation and Review Technique*). Ao mesmo tempo, a companhia Du Pont e a Divisão Univac da Remington Rand Corporation, em conjunto, desenvolveram o método do caminho crítico – CPM (do inglês *Critical Path Method*). Tanto o Pert como o CPM utilizam o conceito de **redes** (grafos) para planejar e visualizar a coordenação das atividades de um projeto. Enquanto o **Pert** utiliza o cálculo com base na **média ponderada de três durações** possíveis de uma atividade (otimista, mais provável e pessimista), o **CPM** é determinístico e trabalha com **um só tempo de realização** das atividades. Esses métodos são muito utilizados no controle de projetos na indústria naval, na construção civil e em outros projetos.

Vamos observar o diagrama de redes imaginário a seguir.

Figura 6.5 – Diagrama de rede

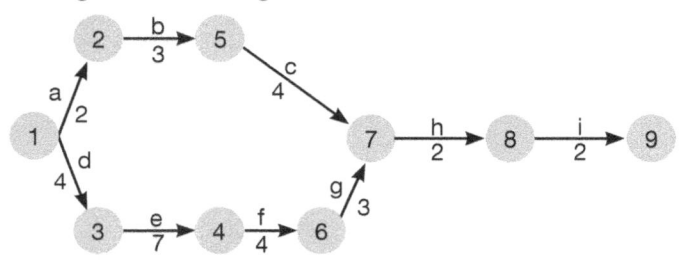

Como podemos perceber, por meio de um diagrama de redes é possível identificar:

- **Eventos** (1...9) – A data de início ou do fim de uma atividade.
- **Atividades** (a...i) – A duração e a sequência de cada atividade.
- **Rede** – A representação gráfica dos eventos, das atividades e das inter-relações que compõem o projeto.
- **Tempo mais cedo** – O menor prazo para iniciar uma atividade.
- **Tempo mais tarde** – O último prazo para iniciar uma atividade sem atrasar o projeto.

- **Folga** – A diferença entre os tempos mais tarde e mais cedo.
- **Caminho crítico** – A sequência de eventos sem folga.

Com as redes Pert e CPM é possível monitorar as atividades de um projeto e identificar eventos que possam comprometer o atendimento de prazos. Essas técnicas ainda são muito utilizadas em *softwares* para planejamento e controle de projetos.

6.5 Controle da produção

O controle da produção garante que todas as decisões tomadas durante o planejamento e a programação sejam executadas nos prazos e com os volumes preestabelecidos. Para isso, precisamos dispor de um sistema de informações que relate periodicamente sobre: material em processo (produto semiacabado) existente nos diversos setores de produção, estoques de matéria-prima e de produtos acabados, localização e progresso de cada OP, nível de utilização da capacidade dos equipamentos etc. Em geral, a programação e o controle são funções muito semelhantes, não existindo uma distinção clara entre elas ou uma definição de onde termina uma e começa outra, principalmente porque existe uma relação de interdependência muito grande entre ambas.

A **programação** é uma formalização do que pretendemos que aconteça em determinado momento no futuro próximo. A programação não garante que um evento vá realmente acontecer, pois as operações nem sempre conseguem realizar o que foi programado. Clientes podem fazer pedidos com urgência e solicitar alterações em outros já contratados. Fornecedores atrasam entregas, máquinas podem quebrar e funcionários podem faltar por doença. Além disso, acidentes de trabalho, falta de energia e outros fatores são razões para um possível cumprimento parcial de programas. É nessas circunstâncias que se faz importante o controle da produção.

O **controle** é o processo que nos permite lidar com essas variáveis. Pode significar que precisemos reprogramar os planos em curto prazo. Também pode significar que será necessário fazermos intervenções no sistema produtivo, como realizar compras urgentes, alterar o sequenciamento da produção, transferir pessoas de uma parte da produção para outra etc. O controle faz os ajustes necessários para que o sistema de produção atinja os objetivos programados, mesmo que as suposições feitas pela programação não se confirmem.

Tubino (2007) orienta que os **replanejamentos** devem ser evitados e que sejam utilizados somente nos casos de desvios (programado *versus* realizado) muito grandes. É melhor validarmos um programa que o alterar continuamente, pois eles são reflexos do PMP e devem ser realizáveis.

O gráfico de Gantt é também utilizado para o PCP, como podemos ver no Gráfico 6.5. Consiste essencialmente em um **cronograma** em que se registram simultaneamente a programação prevista e a produção realizada (área pintada). Do confronto entre essas duas informações, realizamos o controle (Gráfico 6.5). Exemplificando com as informações do gráfico, na OP1, as etapas de compras (C), operação (O), pintura (P) e acabamento (A) foram realizadas, faltando a entrega (E), que foi prometida ao cliente para o início de fevereiro.

Gráfico 6.5 – Controle de OPs (programado versus realizado)

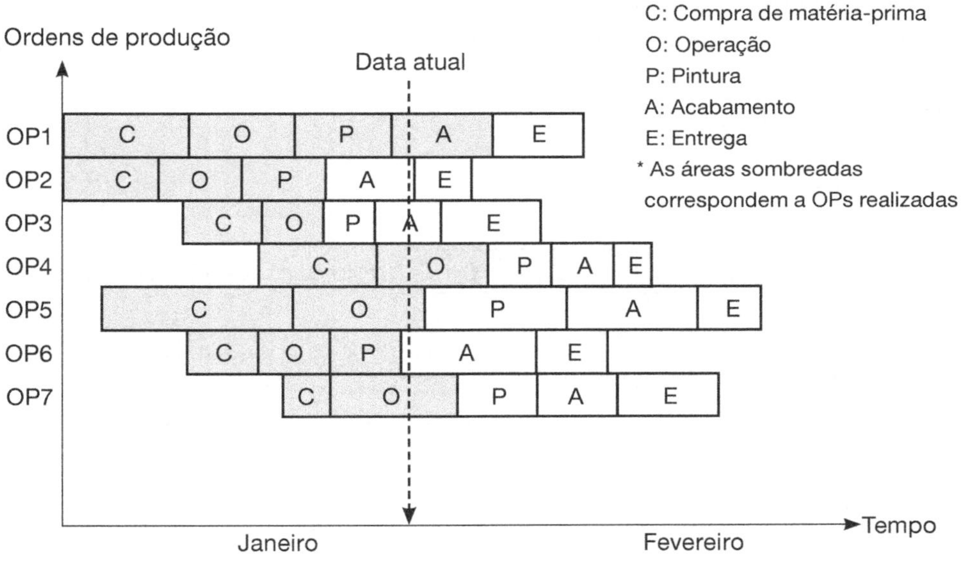

C: Compra de matéria-prima
O: Operação
P: Pintura
A: Acabamento
E: Entrega
* As áreas sombreadas correspondem a OPs realizadas

Dessa forma, o controle assume as seguintes atividades, corforme menciona Tubino (2007):

- Atualização contínua das OPs por meio do gráfico de Gantt e dos sistemas computacionais, informando o programado e o realizado.
- Comparação entre o programado e o realizado.
- Reprogramação com a participação da supervisão da fábrica.
- Preparação de relatórios de análise de desempenho do sistema produtivo.

Atualmente, esse modelo é usado diretamente em **sistemas computacionais**, que racionalizam e agilizam, em muito, a atividade de controle da produção. Mas precisamos ter cuidado: se o programa de produção não for **realístico**, não adianta informatizar a "desorganização".

Já os sistemas mais sofisticados de gestão da produção trazem embutidos em suas estruturas instrumentos específicos de controle da produção, como é o caso do sistema MRP (que estudaremos melhor no Capítulo 7) e do sistema *kanban*.

6.6 Lote pequeno *versus* lote grande

O tamanho do lote de produção influencia em vários aspectos o desempenho do sistema produtivo. Quanto maior for o tamanho do lote, maiores serão seu inventário, o *lead time* de fabricação e o prazo de entrega. O Gráfico 6.6 descreve a programação de quatro produtos (A, B, C e D), em lotes grandes (a), lotes pequenos em ordem fixa (b) e lotes pequenos conforme demanda ou ordem flexível (c).

Gráfico 6.6 – Lotes grandes versus lotes pequenos

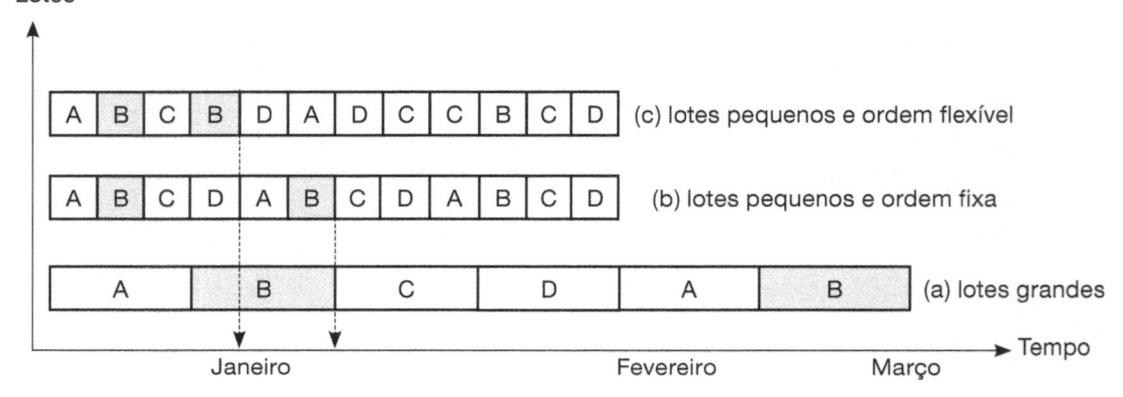

O que acontecerá nas situações *a*, *b* e *c*, caso o lote *b* apresente defeitos logo após a fabricação? Temos as seguintes situações:

a. **Prazo** para entrega do produto conforme ou melhorado pela engenharia:
   - Na programação *a*, o cliente só poderá receber produtos *B* conformes em março.
   - Nas programações *b* e *c*, o defeito será corrigido e o produto *B* poderá ser ofertado ainda no mês de janeiro.

b. **Volume** para tratamento do produto *B* não conforme:
   - O volume para corrigir o defeito será muito maior na situação *a* que em *b* ou *c*.

No sistema tradicional JIC, o **LEP** é calculado considerando os custos de estoques e de *setup* (conforme vimos no Capítulo 4). Quanto menor o custo (tempo) de *setup*, menor o tamanho do lote. Em geral, tempos de *setup* que representam 10% do tempo total de produção são considerados bons.

■ Síntese

A programação da produção é a última etapa de planejamento dentro do PCP. Essa etapa consiste na alocação de carga nos respectivos recursos produtivos (centros de trabalhos) e no desenvolvimento do sequenciamento da produção baseado em regras heurísticas. Após realizarmos a programação, a última etapa do PCP é o acompanhamento ou controle da produção. Essa etapa consiste no controle das variáveis contidas na rotina diária do sistema produtivo buscando cumprir o planejado proposto nas etapas anteriores. Quando necessário, são realizadas adaptações para o bom funcionamento do sistema produtivo.

■ Questões para revisão

1. Qual a relação entre o plano de produção, o PMP e o programa de produção?

2. Elabore uma análise do PCP para um serviço de caixas de uma agência bancária, avaliando as informações necessárias e as alternativas que podem surgir quando se procura melhorar o atendimento ao público e minimizar os custos do serviço.

3. A empresa fictícia SpeedDelivery entrega em domicílio qualquer medicamento no prazo acordado. Cobra R$ 3,00 para cada entrega e devolve R$ 1,00 por hora de atraso. Observe na tabela os pedidos confirmados até o momento:

Ordem de entrada dos pedidos	Tempo de processamento (horas)	Prazo de entrega (horas)
a	3	5
b	2	4
c	1	2
d	4	10
e	5	11

Escolha, entre as regras de prioridade a seguir, a que melhor se aplica aos pedidos da tabela e justifique a sua escolha.

- Peps: o primeiro pedido que entra é o primeiro que sai.
- MTP: o menor tempo total de processamento tem prioridade.
- Ueps: o último pedido tem prioridade.
- MPE: o menor prazo de entrega tem prioridade.

4. Seis trabalhos estão aguardando para serem processados. A primeira operação faz a moldagem da peça e a segunda, a pintura. Os tempos de processamento são mostrados na tabela a seguir. Determine a sequência que minimiza o tempo total para a execução dos trabalhos e represente-a.

Trabalho	Operação 1 (horas)	Operação 2 (horas)
A	10	5
B	7	4
C	5	7
D	3	8
E	2	6
F	4	3

5. Os seguintes trabalhos estão esperando para serem processados pelo mesmo centro de operação. Eles foram colocados na ordem de chegada, no dia 275 do calendário anual de produção.

Trabalho	Data de entrega	Duração (dias)
A	313	8
B	312	16
C	325	40
D	314	5
E	314	3

Quais modelos permitem o melhor sequenciamento? Assinale a alternativa correta.

a. MPE ou Ueps.
b. Peps ou Ueps.
c. Ueps ou MPE.
d. MTP ou MPE.

6. São fatores que afetam a programação e o sequenciamento da produção, **exceto**:
   a. Estoques de matéria-prima e de produtos acabados.
   b. Previsão do tempo e da demanda em longo prazo.
   c. Nível de utilização da capacidade dos equipamentos.
   d. Ausência de funcionários por motivo de doença.

■ Questões para reflexão

1. Reflita como as variáveis externas às empresas (ex.: trânsito, manifestações, violência) afetam atualmente a programação e o controle da produção.

2. Trace um comparativo do grau de complexidade entre o PCP de uma rede de restaurantes de *fast-food* (como o McDonald's®) e o PCP de uma fábrica de móveis rústicos.

Ordem de entrada dos pedidos	Tempo de processamento (horas)	Prazo de entrega (horas)
a	3	5
b	2	4
c	1	2
d	4	10
e	5	11

■ Para saber mais

LIDDELL, M. **O pequeno livro azul da programação da produção**. Vitória: Editora Brasileira Tecmaran Consultoria e Planejamento, 2008.

Essa obra detalha aplicações de técnicas de programação da produção com base na experiência prática de vários anos do autor. Nos estudos de casos, é utilizado o sistema advanced planning and scheduling *(APS), buscando tornar a programação da produção automatizada e possibilitar o controle baseado nas restrições operacionais já cadastradas no sistema.*

7 Planejamento das necessidades de materiais e planejamento de recursos de manufatura

Conteúdos do capítulo:
- *Conceituação de* planejamento das necessidades de materiais *(MRP)*.
- *Definição de* demanda dependente *e* demanda independente.
- *Conceituação de* planejamento de recursos de manufatura *(MRP II)*.
- *Pré-requisitos para a utilização do MRP II.*

Após o estudo deste capítulo, você será capaz de:
1. *programar o planejamento das necessidades de materiais;*
2. *classificar os produtos em demanda dependente ou independente;*
3. *descrever o planejamento de recursos de manufatura.*

7.1 Planejamento das necessidades de materiais

Tradicionalmente, até meados dos anos 1960, as atividades de planejamento e controle da produção (PCP) eram realizadas de forma manual, tornando-se mais complexas à medida que os processos de manufatura e produtos também se tornavam mais dinâmicos e variados. Naturalmente, a complexidade em fazer tudo manualmente criava a possibilidade de erros, além de necessitar de grande quantidade de recursos (pessoal, tempo, documentos etc.). Os programadores ocupavam salas e usavam lápis e borracha para atualizar os registros.

Já nos anos 1970, com a difusão dos sistemas computacionais, foi possível adotar o processamento eletrônico das tarefas do PCP. Assim, surgiram nos Estados Unidos os primeiros *softwares* IBM e *communications oriented production information and control system* (Copics) com esse objetivo, desenvolvendo os sistemas integrados chamados *MRP*.

MRP (sigla para *material requirement planning*, ou "planejamento das necessidades de materiais") é uma técnica para converter a previsão de demanda de um item de demanda independente em uma programação das necessidades de suas partes (estrutura).

Fonte: Wight, 2008.

Inicialmente, é importante distinguirmos *demanda independente* de *demanda dependente*. Quando a demanda de um item depende apenas diretamente das forças do mercado, dizemos que o item tem **demanda independente**; quando, por sua vez, a demanda de um item depende diretamente da demanda de outro item, falamos que este tem **demanda dependente** (Figura 7.1).

Um produto final, feito para estoque, é tipicamente um item de demanda independente, sendo as quantidades necessárias para cada uma de suas partes itens de demanda dependente. Embora possamos obter parte da demanda independente diretamente de pedidos firmes dos clientes (carteira de pedidos), é provável que precisemos obter uma parcela substancial por meio de previsões. Por outro lado, a demanda dependente é sempre deduzida da demanda independente, uma vez que esta última seja conhecida ou estimada.

A demanda de pneus em fábricas de carro é dependente do programa de montagem dos automóveis. Já o item "automóvel" tem demanda independente.

Com as informações de necessidade do produto final, obtemos as quantidades e os prazos de fabricação para cada componente (parte) de sua estrutura. A essa desagregação do produto em suas partes (componentes) damos o nome de **explosão**.

Um produto é feito de vários componentes, e cada um deles e o produto final têm um código ou item único. Observe o produto *P* da Figura 7.1. A árvore é dividida em níveis hierárquicos, numerados de forma crescente proporcionalmente à desagregação.

Figura 7.1 – Estrutura analítica do produto P

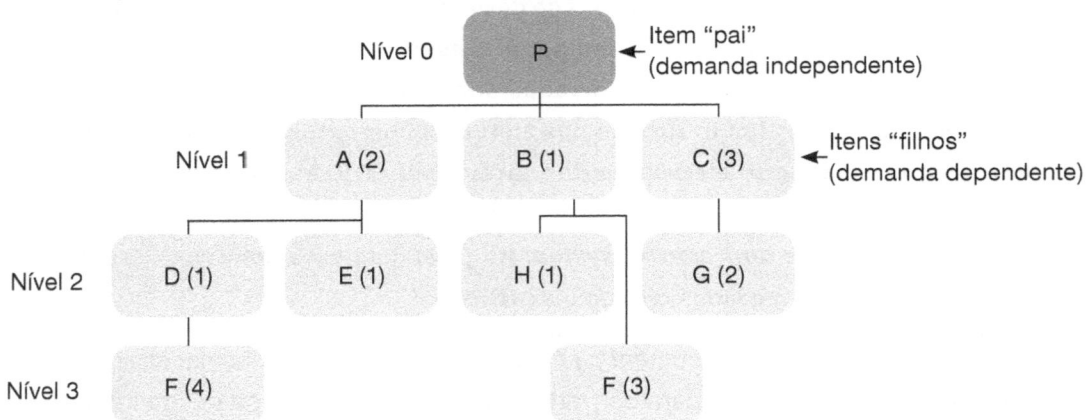

```
Nível 0:     P  ← Item "pai" (demanda independente)
Nível 1:     A(2)    B(1)    C(3)  ← Itens "filhos" (demanda dependente)
Nível 2:     D(1)  E(1)    H(1)    G(2)
Nível 3:     F(4)            F(3)
```

Dessa forma, o nível 0 corresponde ao próprio produto final; o nível 1, aos agrupamentos primários de componentes que, combinados, fornecem diretamente o produto final; o nível 2, aos agrupamentos secundários de componentes que formam os agrupamentos primários, e assim por diante. Para cada um dos componentes, o número que aparece entre parênteses na figura representa quantas unidades são necessárias para formar uma unidade do agrupamento imediatamente superior. Observamos então que, para uma unidade de P (produto final), são necessárias duas unidades de A, uma de B e três de C; por sua vez, para uma unidade de A, são necessárias uma de D e uma de E, e assim por diante. Essa lógica segue até o último nível (3) dos itens F.

Exemplo 1

Com base no exemplo da Figura 7.1, calcule a quantidade necessária de itens *F* para fazer o produto *P*.

São necessários 2 itens *A*. Para cada item *A*, precisamos de 1 *D*, que, por sua vez, necessita de 4 *F*, totalizando 8 itens *F*. Para fazer 1 *B*, são necessários mais 3 *F*. Portanto, para cada produto final são necessários 11 itens *F*.

O **MRP** tem como primeira definição a técnica para programar itens de demanda dependente, já que determina a quantidade de cada item e em que data estes deverão estar disponíveis. Uma segunda definição diz que é um sistema de controle de estoque de itens de demanda dependente. As quantidades dos itens que serão necessários à produção são adquiridas (compradas, montadas ou fabricadas) apenas em uma data tal que estejam disponíveis no momento certo de ser usadas na produção.

A estrutura de um produto gera uma quantidade muito grande de documentos necessários para a fabricação de seus conjuntos e componentes. Essas informações são registradas nos arquivos do MRP. Vamos observar o caso da fabricação de uma empilhadeira, representado na figura a seguir.

Figura 7.2 – Documentação para montagem de uma empilhadeira

Crédito da ilustração: Fotolia

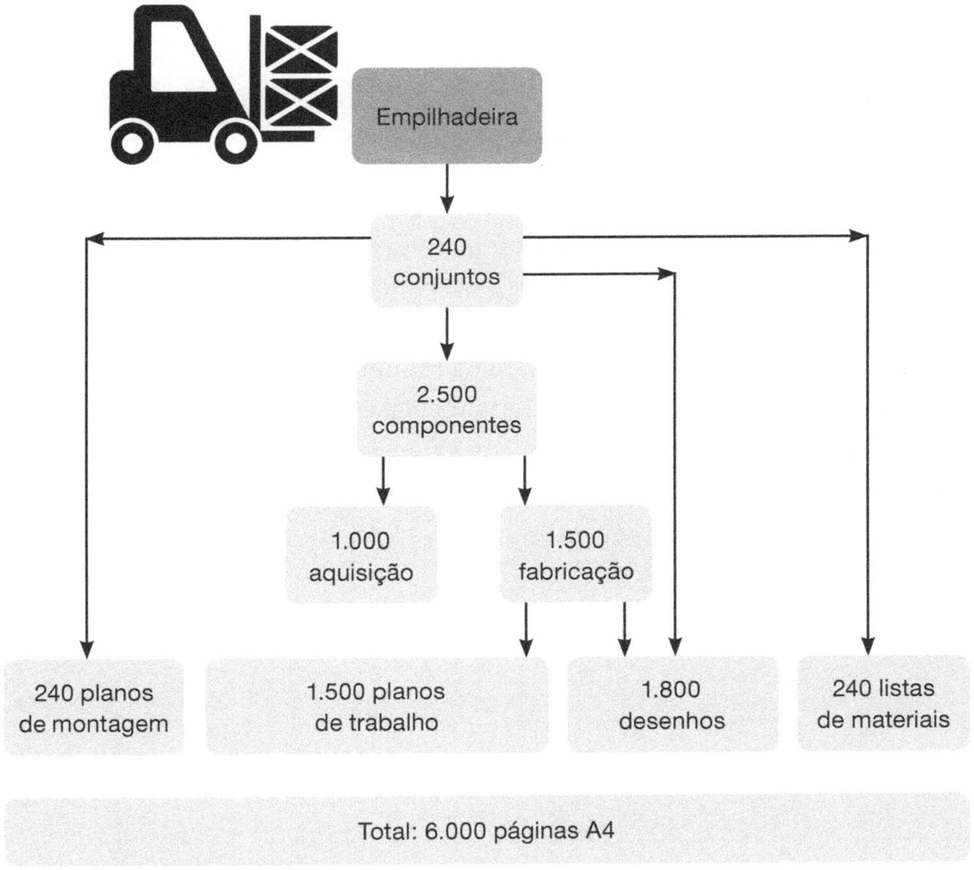
Empilhadeira
240
conjuntos
2.500
componentes
1.000
aquisição
1.500
fabricação
240 planos
de montagem
1.500 planos
de trabalho
1.800
desenhos
240 listas
de materiais
Total: 6.000 páginas A4

Estima-se que um automóvel apresente uma estrutura de produtos com 10 mil itens; um ônibus, cerca de 40 mil itens; um avião, aproximadamente 80 mil itens.

A acurácia, tanto da estrutura do produto quanto dos níveis de estoques, é fundamental para o cálculo do MRP. A precisão deve ser superior a 98% em ambos os casos. Do contrário, o MRP/MRP II terá baixo desempenho e deixará de ser confiável, gerando **controles paralelos**.

7.1.1 Operação do MRP

Como vimos, o MRP, com base na programação de produção de produtos finais (de demanda independente), determina a programação da compra e fabricação ou montagem de suas partes componentes. Para sua operacionalização, são necessárias as seguintes informações:

- Que itens da estrutura do produto são necessários para cumprir a demanda?
- Qual a quantidade necessária de cada item?
- Quando esses itens devem estar disponíveis?
- Como o produto é fabricado?

Essas informações devem estar disponíveis no plano mestre de produção (PMP), nos roteiros de produção, em planos de montagem e de trabalho, nos desenhos, nas listas de materiais e nos relatórios de estoques. Enquanto o PMP, já estudado no Capítulo 5, estabelece quais produtos finais serão fabricados, em que datas e em que quantidades, a lista de materiais fornece a composição de cada produto, ou seja, dá a base para sua explosão. Os relatórios de controle de estoque indicam as quantidades disponíveis de cada um dos itens, sejam eles produtos finais, sejam componentes. Observe a lógica do MRP na Figura 7.3.

Figura 7.3 – MRP

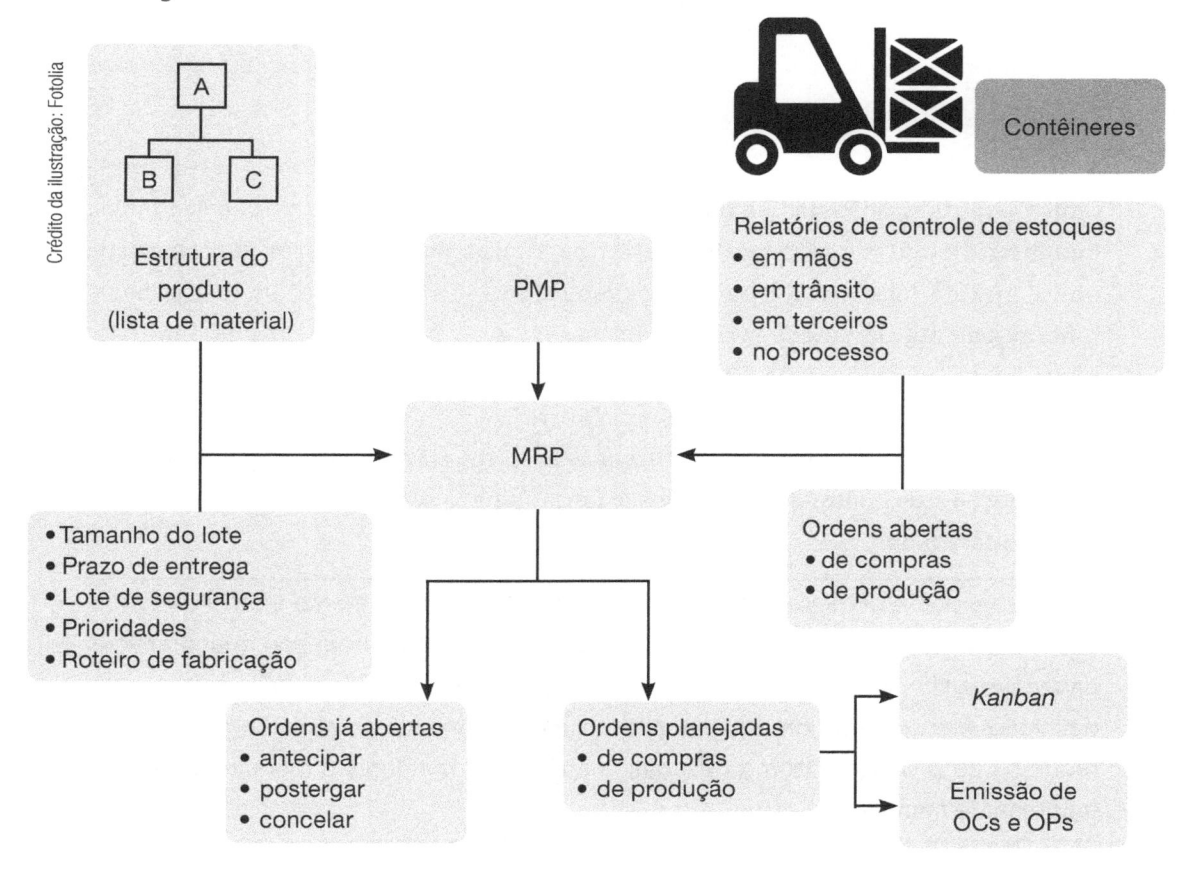

Como resultados principais de suas operações, o sistema MRP fornece:

- o **controle de estoques** dos produtos finais e seus componentes;
- a **programação da produção** em curto prazo para esses componentes;
- o **planejamento das necessidades de capacidade** em um nível de detalhamento maior que aquele realizado pelo planejamento agregado da produção (PAP).

7.2 Planejamento de recursos da manufatura

Com a popularização do uso da técnica do MRP para o cálculo de necessidades de materiais e itens, não tardou para que alguns pesquisadores percebessem que a mesma lógica poderia, com pouco esforço adicional, ser utilizada para o planejamento de outros recursos necessários ao funcionamento da empresa, o que levou à criação do MRP II, sigla para *manufacturing resources planning*, ou "planejamento de recursos de manufatura".

A ideia do seu desenvolvedor, Oliver Wight, foi elaborar um **plano de vendas, de produção e de controle de estoques** orientado para o mercado e o uso de recursos e capacidades.

MRP II tem como primeira definição o método para o planejamento efetivo de todos os recursos de um sistema produtivo. Ele apoia o plano de produção quantitativo e financeiro e simula questões do tipo "o que aconteceria seria se". Em uma segunda definição, é o método computacional de planejamento e programação eficiente de recursos da produção, como pessoas, instalações, materiais e máquinas de uma empresa de manufatura.

Fonte: Adaptado de Wight, 2008.

O método computacional MRP II engloba a gestão de demanda, o PMP, o MRP e a verificação da capacidade de produção em longo e curto prazos (Figura 7.4). O MRP II planeja a necessidade exata de cada componente e matéria-prima disponíveis no início da produção, minimizando, assim, o material em processamento e melhorando a eficiência da fábrica. Consiste em um método usado não apenas para **controlar os níveis de estoque**, mas principalmente para **planejar as prioridades de fabricação**, ajudando a gerência industrial a alocar o tempo das máquinas de maneira organizada e efetiva.

Figura 7.4 – Estrutura do MRP II

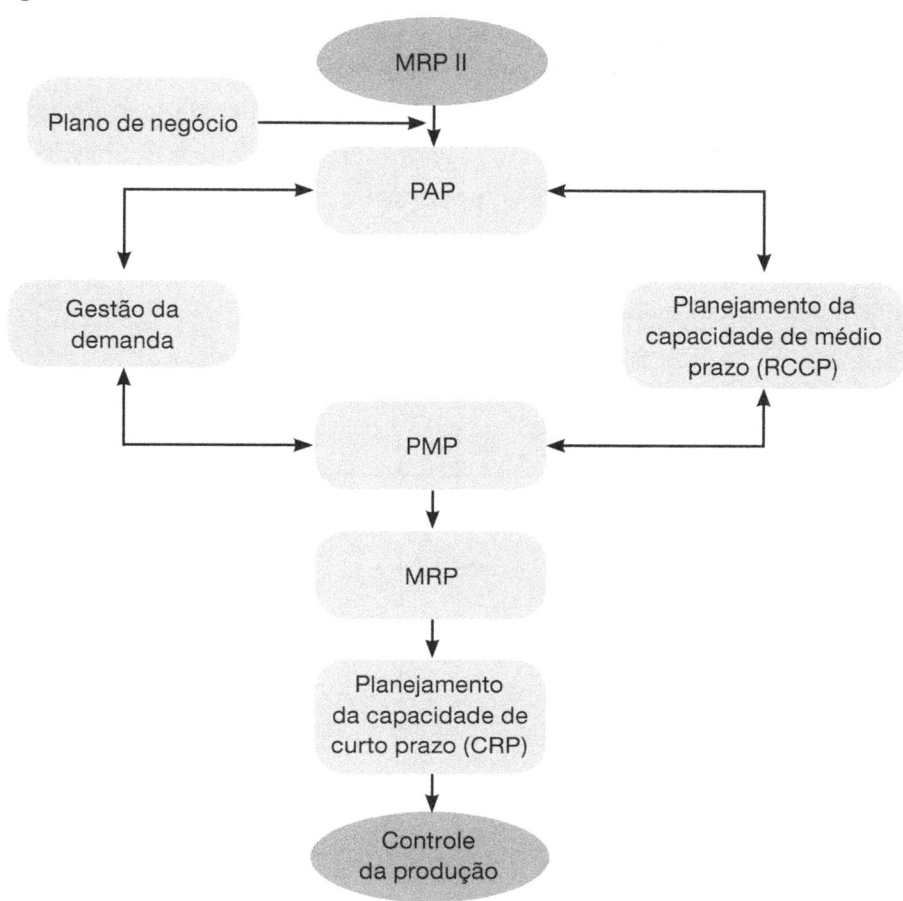

```
                            MRP II
                              │
     Plano de negócio ────────▼
                              │
        ┌────────────────────PAP────────────────────┐
        │                                            │
        ▼                                            ▼
    Gestão da                              Planejamento da
    demanda                                capacidade de médio
        │                                  prazo (RCCP)
        │                                            ▲
        └────────────────────▶ PMP ──────────────────┘
                               │
                               ▼
                              MRP
                               │
                               ▼
                        Planejamento
                        da capacidade de
                        curto prazo (CRP)
                               │
                               ▼
                          Controle
                          da produção
```

Fonte: Adaptado de Wight, 2008, p. 68.

Conforme apresentado na Figura 7.4, realizamos o plano de produção agregado de longo prazo com as informações do plano de negócio. Após, elaboramos o PMP por produto considerando a previsão de vendas e otimizando as capacidades de longo prazo dos recursos disponíveis. O resultado é a necessidade de materiais (MRP), com consequentes estoques disponíveis e otimização das capacidades de curto prazo. Assim, é possível identificarmos os custos de produção em cada etapa.

A acurácia das informações no MRP II depende de como os dados foram alimentados, tanto os de produção como os de engenharia. Vemos, no fluxo de informações e de materiais representado na Figura 7.5, que o MRP II emite as ordens de fabricação (OFs) e as ordens de compra (OCs) depois do recebimento dos pedidos dos clientes e da consulta a estoques de produto acabado e de matéria-prima. O controle desses pedidos, dos estoques e das capacidades é realizado de forma a atender a prazos e quantidades estabelecidas. O MRP II acompanha o fluxo de materiais, desde os fornecedores até os clientes. Por meio da otimização e de simulações, busca diminuir os *lead times* de produção, atender melhor aos prazos acordados, aumentar o uso da capacidade produtiva e de entrega de produtos e reduzir os estoques. No fluxo de materiais, observamos a movimentação de matéria-prima desde os suprimentos até a entrega aos clientes, passando por todas as etapas de produção, como podemos ver na figura a seguir.

Figura 7.5 – Fluxo de informações e materiais no MRP II

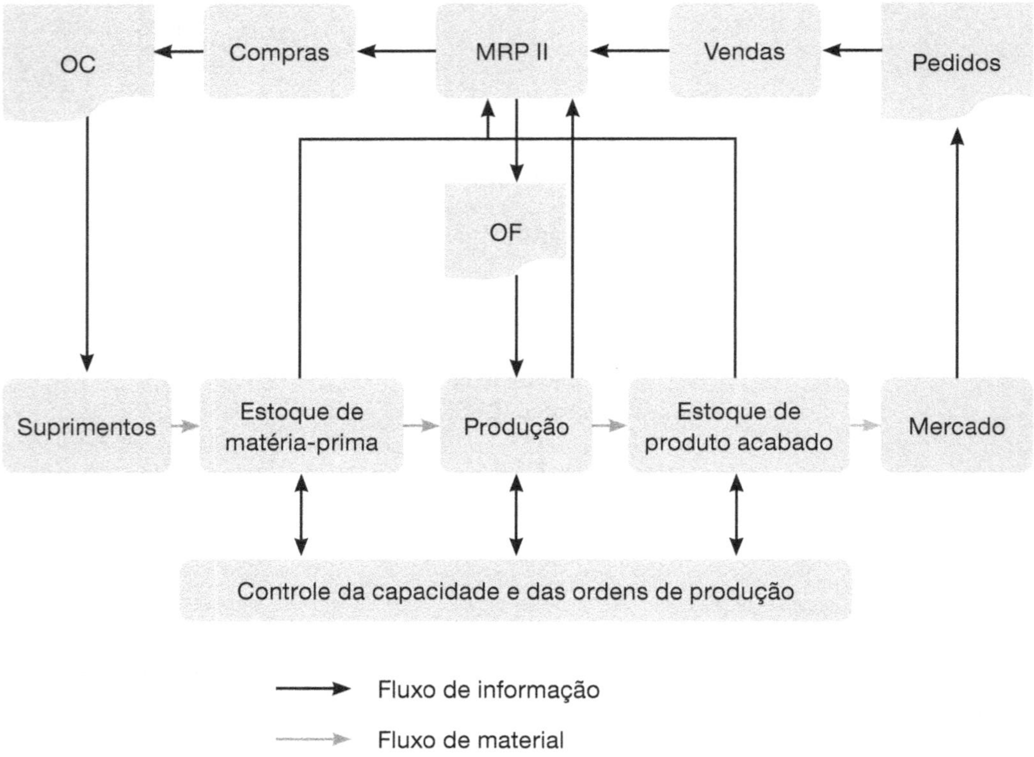

O sistema simula várias situações, como: Se variarem a previsão de vendas, a capacidade, a política de estoque e os custos, qual será o impacto no estoque, na utilização da capacidade, no serviço ao cliente e no fluxo de caixa?

As soluções alternativas são simuladas e apoiam a tomada de decisão, como: O que fazer? Quando fazer? Quanto fazer?

7.2.1 Pré-requisitos do MRP II

O MRP II parte do princípio de que os parâmetros como capacidades, *lead times* de produção e de compra e ciclo de fabricação são possíveis de serem registrados com alta precisão. Necessitamos resolver lacunas de produção, principalmente com adequações das capacidades. O programa de produção deve ser suficientemente preciso e, para isso, são necessários uma previsão de demanda e um plano de produção confiáveis.

7.3 Sistema integrado de gestão empresarial

O MRP II foi, no passado, um conceito único para o PCP. Hoje, ele se encontra associado ao sistema integrado de gestão empresarial – ERP (do inglês *enterprise resource planning*).

O ERP foi desenvolvido na década de 1990 como uma evolução do MRP e do MRP II e é utilizado em todo o mundo, interligando grupos empresariais e cadeias de suprimentos. O ERP é um *software* que **integra as diferentes funções** da empresa com informações contábeis, financeiras, comerciais, de produção, da qualidade, de compras etc., a fim de criar operações mais eficientes.

Esse sistema integra dados e processos de uma organização ou um grupo de organizações em um único sistema ou banco de dados, possibilitando a automação e o armazenamento das principais informações de negócios.

■ Síntese

O sistema MRP teve sua origem nos anos 1960, com o uso de sistemas computacionais. Ele permite que as empresas calculem o quanto de materiais de determinado tipo são necessários e em que momento. O MRP converte a previsão de demanda de um item de demanda independente em uma programação das necessidades das partes componentes do item. O sistema MRP II é a evolução natural da lógica do sistema MRP, com a extensão do conceito de cálculo das necessidades ao planejamento dos demais recursos de manufatura, e não mais apenas dos recursos materiais. O MRP II é um sistema hierárquico em que os planos de produção em longo prazo, agregados, são sucessivamente detalhados até chegar ao nível do planejamento do chão de fábrica.

■ Questões para revisão

1. Dada a estrutura do produto P, calcule, para 200 unidades, quantas unidades de cada componente precisarão ser fabricadas.

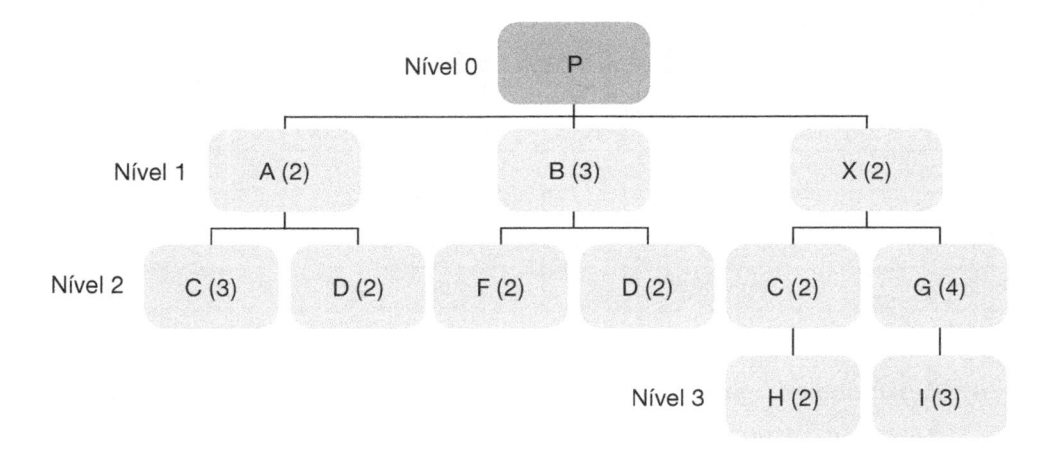

```
                            Nível 0        P
                                      ┌────┼────┐
        Nível 1            A (2)             B (3)            X (2)
                          ┌──┴──┐         ┌──┴──┐           ┌──┴──┐
        Nível 2       C (3)   D (2)   F (2)   D (2)     C (2)   G (4)
                                                          │       │
        Nível 3                                         H (2)   I (3)
```

Assinale a alternativa correta:

a. A = 400; F = 1.800; G = 1.600.
b. B = 600; C = 2.000; I = 4.800.
c. X = 400; D = 2.200; H = 1.600.
d. X = 400; F = 1.800; I = 7.200.

2. Para determinado programa de produção, foi planejada a fabricação do produto *X*. Esse produto é montado com base em 2 unidades do componente *A*, 2 unidades do componente *B* e 1 unidade do componente *C*. Por sua vez, o componente *A* é montado com base em 1 unidade do componente *D* e 2 unidades do componente *E*. O componente *B* é montado com 0,42 kg do componente *F*. O componente *C* é montado com 2 unidades do componente *D* e 0,50 kg do componente *F*. Pede-se:

   a. Monte a estrutura (árvore) do produto *X*.
   b. Especifique a quantidade total de cada componente necessária para a produção de 25 unidades do produto *X*.

3. A empresa recebeu um pedido de 1.500 unidades do produto *A* (para a semana 5) com a seguinte estrutura de pedido: o produto *A* é formado de 2 *B*, 1 *C* e 3 *D*. Por sua vez, o *B* é feito de 1 *E* e 2 *F*. Para *C*, são necessários 2 *F* e 3 *G*. O componente *D* é feito de 1 *E* e 2 *G*.

   a. Monte a estrutura de produto e determine as necessidades e em que momento devem ser emitidas as OMs para *A*, *B*, *C* e *D* e OPs para *E*, *F* e *G*, se necessário. Considere os dados da tabela a seguir.
   b. O prazo poderá ser atendido? Como?

Item	Tempo de montagem/prazo de entrega (semanas)	Demanda	Estoque inicial	Necessidades	Quando comprar ou montar
A	1	1.500	300	1.200	Na semana 4
B	1	2.400	1.200	1.200	
C	2		0		Na semana 2
D	2		800		
E	1		6.000		
F	2		3.500		
G	3		4.500		

4. Relacione as colunas, classificando as atividades de planejamento em longo, médio ou curto prazos.

   (1) Curto prazo ( ) Aquisição de matéria-prima.
   (2) Médio prazo ( ) Planejamento de turnos de trabalho.
   (3) Longo prazo ( ) Plano de construção de uma fábrica.
                         ( ) Definição de novas contratações.
                         ( ) Definição para trabalhar com produção puxada (JIT).
                         ( ) Planejamento de novo *layout*.

   Assinale a alternativa que apresenta a sequência correta:
   a. 1, 1, 3, 1, 3, 3.
   b. 1, 2, 3, 1, 2, 2.
   c. 1, 3, 3, 2, 3, 2.
   d. 2, 2, 3, 2, 2, 3.

5. Assuma que o produto fictício OK seja feito de 2 unidades de *A* e 4 de *B*. *A* é feito de 3 unidades de *C* e 4 de *D*. Por sua vez, *D* é feito de 2 unidades de *E*. O *lead time* para aquisição ou fabricação de cada unidade de OK é de 2 semanas. *A*, *B*, *C* e *D* levam 1 semana cada e *E* leva 3 semanas. Assuma que não existe nenhum estoque disponível desses itens. Para a demanda de 60 unidades no período 10:

   a. desenhe a árvore de estrutura do produto;
   b. desenvolva uma programação de planejamento MRP mostrando necessidades brutas e líquidas, liberação de pedidos e datas de recebimentos de pedidos.

6. Calcule o MRP para uma mesa. Considere os dados da tabela, a estrutura do produto e os seguintes pedidos confirmados: semana 4 = 35 e semana 8 = 25.

Componente	Estoque inicial	Tempo de entrega/semana	Estoque de segurança	Lote econômico
Suporte	–	1	–	30
Parafuso	250	–	–	50
Tampo	20	1	10	–
Pé	80	1	40	–
Cola (kg)	5	–	5	5
Pranchão	75	2	30	10

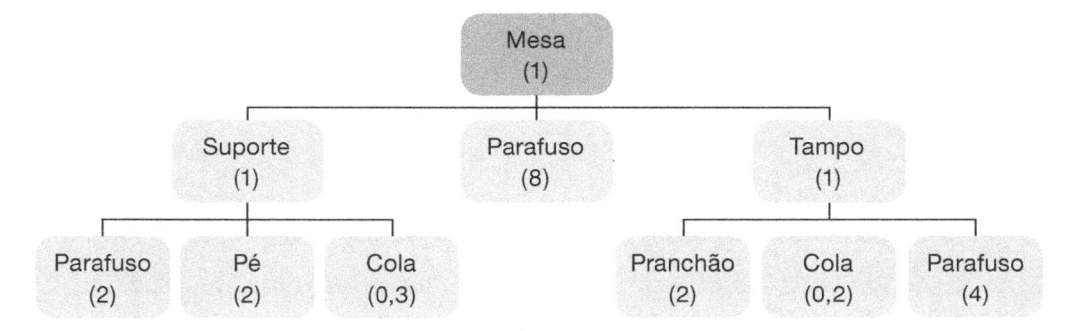

```
                    Mesa
                     (1)
        ┌────────────┼────────────┐
     Suporte      Parafuso       Tampo
      (1)           (8)           (1)
    ┌──┼──┐                  ┌────┼────┐
Parafuso Pé  Cola       Pranchão Cola Parafuso
  (2)   (2) (0,3)         (2)   (0,2)  (4)
```

Para cada componente, utilize um registro MRP:

Componente	1	2	3	4	5	6	7	8
Necessidades brutas								
Estoque disponível								
Necessidades líquidas								
Liberação de ordens programadas (MRP)								

Dica: a ordem de resolução é muito importante. Por exemplo, só é possível calcular a necessidade de parafusos depois de calcular as necessidades do tampo e do suporte.

■ Questões para reflexão

1. Reflita sobre a complexidade do desenvolvimento da lista de materiais com base no aumento do *mix* de produtos. Como essas listas influenciam as quantidades de materiais e componentes estacados e os custos de estoques nas empresas?

2. "Os objetivos do MRP II podem ser conflitantes". Esclareça essa afirmação e cite exemplos de como isso pode ocorrer em uma indústria.

■ **Para saber mais**

■ Jogos educacionais

LSSP – Laboratório de Simulação de Sistemas de Produção. Disponível em: <http://www.deps.ufsc.br/lssp/>. Acesso em: 23 fev. 2015.

O Laboratório de Simulação de Sistemas de Produção (LSSP) da Universidade Federal de Santa Catarina (UFSC) disponibiliza para download *uma série de jogos educacionais que têm por objetivo estudar e discutir o PCP para pequenas, médias e grandes empresas com alta e baixa demanda. Na série LSSP_PCP, o LSSP 1 aborda a previsão da demanda e o planejamento estratégico da produção para uma empresa têxtil. O LSSP 2 aborda a produção empurrada (JIC) e o LSSP 3 (JIT), a produção puxada. Os jogos simulam uma produção de 12 semanas e apresentam os resultados operacionais e financeiros das estratégias utilizadas.*

■ Livro

WALLACE, T. F. **MRP II**: Making it Happen. New York: Oliver Wight, 1990.

Essa obra é um guia completo para a implantação do sistema empresarial MRP II. São abordados os desafios, as estratégias de implementação e os custos e também detalhadas as etapas para o desenvolvimento do sistema e os principais tipos de software *disponíveis.*

8

Just in time

Conteúdos do capítulo:
- *Apresentação do sistema* just in time *(JIT).*
- *Eliminação de perdas de acordo com o JIT.*
- *Comparação entre os sistemas* just in case *(JIC) e* just in time *(JIT).*
- *Conceituação de célula de manufatura.*
- *Definição das ferramentas do JIT.*

Após o estudo deste capítulo, você será capaz de:
1. *identificar o tipo de sistema da empresa: JIC ou JIT;*
2. *eliminar desperdícios com a utilização do sistema JIT;*
3. *aplicar os conceitos do JIT realizando a transição de sistemas tradicionais para o JIT;*
4. *implantar uma célula de manufatura;*
5. *utilizar as ferramentas do JIT.*

8.1 Introdução ao *just in time*

O sistema tradicional, conhecido por *just in case* (JIC), adotado pelo capital industrial dos EUA e da Europa no século XX, está intimamente relacionado às estratégias de mercado caracterizadas pelo fordismo – isto é, baseia-se, tecnicamente, na especialização de tarefas e máquinas e linhas de montagem dedicadas e, economicamente, na ideia de ganhos de escala, como vimos no Capítulo 1.

O princípio básico do sistema tradicional é maximizar a utilização dos meios de produção, minimizando sua ociosidade. Todos os esforços são concentrados no sentido de buscarmos a máxima utilização dos recursos (máquinas, mão de obra etc.). Muito desse sistema está embasado nos conceitos da administração científica de F. Taylor e nos estudos de tempos e movimentos do casal Gilbreth. Vem daí o conceito tradicional de "um homem, um posto, uma tarefa", bem como a ideia de que "alguns decidem, os outros executam".

Segundo Antunes Junior, Fensterseifer e Kliemann Neto (1989), as principais consequências do emprego da filosofia tradicional (JIC) são:

- **Constituição de estoques** – Estoques de matéria-prima e produtos acabados e semifabricados têm como finalidade "amortecer ou esconder" aleatoriedades do sistema produtivo, como variações na demanda, problemas de qualidade, falta de matéria-prima, atrasos etc. Podemos observar isso no caso da fabricação de produtos complexos, como automóveis e aparelhos de televisão, em que se torna bastante difícil balancear os diversos fluxos de peças e submontagens na linha de montagem principal. Além disso, os estoques tendem a acobertar uma série de problemas, tais como o desbalanceamento da linha de produção, a ineficiência e a quebra de equipamentos, as deficiências no processo de aquisição de materiais, as falhas e os atrasos de fornecedores etc. Com a existência de "estoques-pulmão", fica mais difícil detectar a fonte dos problemas.

- **Planejamento e controle da produção (PCP) centralizado** – O PCP é centralizado e envia ordens de produção (OPs) e de compra (OCs) para os postos de trabalho, identificando a quantidade de unidades a ser produzida de cada produto. Estas são transportadas e estocadas. Posteriormente, o PCP emite as ordens de montagem (OMs), disponibilizando os produtos para os clientes. Observe o PCP centralizado na Figura 8.1 e compare-o com as Figuras 6.2 e 6.3 do Capítulo 6.

Figura 8.1 – PCP centralizado

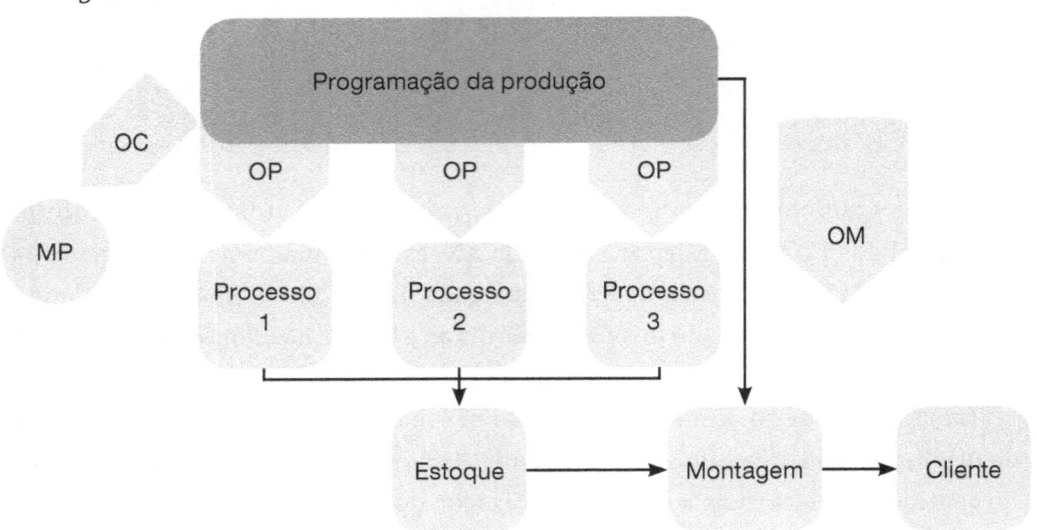

- **Utilização de mão de obra especializada e pouco flexível a trocas funcionais** – Isso tende a provocar uma subutilização da capacidade de trabalho dos operários, o que encoraja uma rápida e constante rotatividade destes. Além disso, o sistema produtivo torna-se vulnerável à ação de grandes organizações de trabalhadores, que poderão proporcionar atrasos no sistema como um todo pela redução do ritmo de produção das operações críticas da fábrica. Esse fenômeno fica mais acentuado nas empresas de grande porte, que são mais sensíveis a oscilações no ritmo de produção.
- **Prioridade do princípio do custo mínimo de aquisição na escolha dos fornecedores** – A competição ocorre por custos menores, deixando para os estoques de segurança a absorção de eventuais variações em consequência da falta de qualidade dos materiais, atrasos nas entregas, flutuações não previstas de demanda, deficiências no processo de compra etc.
- *Layouts* **organizados por processo e extremamente longos** – os *layouts* se caracterizam por agrupar máquinas com processos semelhantes; com isso, as linhas tornam-se pouco flexíveis às oscilações de demanda do mercado.

8.2 O que é *just in time*?

Just in time é uma filosofia de organização da produção que significa produzir as unidades em quantidades solicitadas, no tempo e local necessários.

Fonte: Antunes Junior; Fensterseifer; Kliemann Neto, 1989, grifo nosso.

Exemplificando, no processo de montagem das peças, é necessário que os componentes do processo precedente cheguem à linha de produção somente quando for preciso e nas quantidades necessárias para serem montados. Dessa maneira, **reduzimos os inventários e**, consequentemente, **os custos** para manter estoques.

Uma aplicação extrema do JIT é o *just in sequence* (JIS), que trabalha com o conceito de que as unidades chegam ao JIT na sequência em que serão consumidas. Como exemplo, podemos citar o abastecimento de rodas (de alumínio, de aço, esportiva, tamanho do aro) feito na ordem em que serão utilizadas na linha de produção, ou seja, o sequenciamento das rodas é o mesmo dos carros na linha de produção.

8.2.1 Sistema *just in time*

O sistema JIT opera de forma simples e eficiente, otimizando o uso de recursos de capital, equipamentos e mão de obra. A meta do JIT é **eliminar qualquer função desnecessária** ao sistema de manufatura que traga custos indiretos, não acrescente valor para a empresa, iniba a produtividade ou agregue despesas desnecessárias no sistema operacional do cliente.

O princípio da eliminação de perdas foi a resposta dada por Taiichi Ohno a um desafio lançado por Kiichiro Toyoda ao final da Segunda Guerra Mundial (1945): "Precisamos alcançar a América em três anos. Caso contrário, a indústria automobilística do Japão não sobreviverá".

Podemos descrever o JIT como:

- um sistema organizacional que está constantemente focando a eficiência e a integração do sistema, utilizando dispositivos e máquinas simples;
- um esforço contínuo para minimizar os elementos do sistema que restrinjam a produtividade.

8.2.2 Princípios básicos do sistema *just in time*

Observe a seguir os princípios primordiais que compõem o sistema JIT:

- Cada funcionário ou posto de trabalho é tanto um cliente como um fornecedor.
- Clientes e fornecedores são uma extensão do processo de manufatura.
- Deve-se procurar simplificar continuamente.
- É mais importante prevenir problemas que os resolver.
- Deve-se obter matéria-prima e produzir produtos somente quando necessário.

A adoção do JIT nas fábricas tradicionais implica transformar a produção de grandes lotes com ganhos de escala em produções com maior diversificação de produto, porém em lotes menores. Essa mudança acarreta uma elevação dos custos de produção em virtude de fatores como aumento do número de troca de ferramentas, maior movimentação de materiais e elevação dos custos indiretos com manutenção.

Para facilitar a implantação do sistema JIT, precisamos aceitar alguns princípios culturais, dentre os quais cabe ressaltar:

- mudanças no ambiente da alta e média administração, buscando sempre o consenso;
- maior participação dos colaboradores em geral;
- delegação de responsabilidades (a todos os níveis);
- criação de programas motivacionais e participativos.

Para a implantação do sistema JIT, é indispensável que sejam atendidos a alguns requisitos preliminares, entre os quais cabe destacar:

- redução dos tempos de preparação das máquinas (*setups*);
- implantação de uma sistemática de garantia de qualidade;
- realização de manutenções preventivas;
- redefinição de *layout*;
- preparação do quadro de pessoal para a multifuncionalidade;
- desenvolvimento de métodos de apoio visual.

8.3 Eliminando perdas segundo o *just in time*

Na manufatura JIT, tudo que não agrega valor ao produto é considerado **desperdício**, perda e, como tal, deve ser **identificado e eliminado**.

Agregam valor aquelas atividades que transformam ou alteram o produto em suas características físicas, químicas, visuais ou comerciais e geram um benefício ao cliente, como a limpeza do para-brisa de um carro durante o abastecimento. Um exemplo de atividade que não agrega valor ao cliente é o transporte interno de um produto durante o processo de fabricação. Enquanto o produto se desloca de um operador para outro ou de uma máquina para outra, ele não agrega valor para o cliente final. Sempre que possível, devemos reduzir tais atividades ao máximo. As atividades listadas no Quadro 8.1 são exemplos de atividades que não agregam valor ao sistema produtivo e, por essa razão, devem ser combatidas.

Quadro 8.1 – Atividades que não agregam valor

Estocar	Esperas
Transportes	Retrabalho
Inspeções	Sucatas
Limpezas	Atrasos
Setups	Controles

Muitas atividades que não agregam valor podem ser eliminadas com pequenas mudanças na organização. Aquelas que não agregam valor, mas são necessárias, devem ser reduzidas. Por exemplo, tornando um processo estável e capaz por meio do controle estatístico de processos (CEP), é possível reduzir e até eliminar as inspeções no produto.

8.4 Transição do sistema tradicional para o *just in time*

> Quais são as principais modificações que uma fábrica, funcionando segundo o sistema tradicional, deve realizar para transformar-se em uma fábrica JIT?

A resposta a essa pergunta não é imediata, uma vez que cada empresa apresenta características tecnológicas próprias, as quais implicam processos produtivos particularizados. No entanto, existe uma ideia geral de que o processo de transformação para o sistema JIT é lento e gradativo, sendo feito por etapas, continuamente.

A redução de estoques e o *lead time* de produção são indicadores dos avanços progressivos obtidos com essa mudança. Temos uma implantação longa e continuada, o que exige um ambiente organizacional estável e comprometido. O auxílio direto dos trabalhadores deve ser no sentido de resolver as dificuldades que vão surgindo com a redução dos estoques. Devemos solucionar os problemas frequentes, que eram "escondidos" pelos estoques, eliminando suas causas. Em outras palavras, isso significa forçar o sistema a paradas objetivando consertar os problemas mascarados pelos estoques excessivos.

> Para motivar seus colaboradores a reduzirem os estoques intermediários, uma empresa do setor automotivo propôs que a área economizada fosse convertida em área de lazer. A área economizada transformou-se em campo de futebol de salão.

Para melhor entendermos os elementos não culturais envolvidos na passagem de um sistema JIC para o JIT, o subgrupo de fabricação (manufatura) da American Production & Inventory Control Society (Apics) procurou sistematizar o assunto por meio de uma tipologia geral, a qual é apresentada, de forma resumida e adaptada, a seguir, conforme Antunes Junior, Fensterseifer e Kliemann Neto (1989):

a. **Evitarmos interrupções no fluxo de trabalho** – Para que isso ocorra, são necessárias:

- A diminuição dos tempos de troca de ferramentas (*setup*), viabilizando a produção em pequenos lotes.

- A realização do controle de qualidade no próprio local de trabalho, ou seja, nas células de fabricação.
- A eliminação das eventuais paradas de máquinas por meio de um eficiente esquema de manutenção preventiva.

b. **Eliminarmos a movimentação de materiais e reduzirmos estoques** – Para isso acontecer, devemos:

- Rearranjar os equipamentos de acordo com o fluxo de trabalho (*layout* por produto). Para obtermos essa racionalização da linha de produção, podemos utilizar tecnologia de grupos (TG) e sistemas flexíveis de manufatura – FMS (do inglês *Flexible Manufacturing System*);
- Reduzir a distância entre as operações, objetivando eliminar ao máximo a movimentação de materiais.
- Eliminar pontos de estocagem de produtos em processo.

c. **Procurarmos obter máxima sincronização (balanceamento) do processo produtivo** – Para que isso seja alcançado, precisamos realizar as seguintes iniciativas:

- Desenvolver uma força de trabalho capaz de realizar múltiplas funções. São treinados continuamente os operários polivalentes ou multifuncionais.
- Eliminar ao máximo os tempos mortos.
- Implantar também o JIT para compras, ou seja, trabalhar com os fornecedores no sentido de que as entregas sejam feitas apenas quando necessário e conforme os padrões de qualidade exigidos.
- Balancear a linha de produção por um sequenciamento conveniente dos processos de produção.

d. **Desenvolvermos formas visuais de puxar a produção** – Isso é essencial para permitir que as operações sejam executadas apenas quando necessário. Para isso, usamos como sistema de informação interno um cartão *kanban* ou um sistema de informação equivalente. O sistema *kanban* é uma técnica, e como tal não deve ser implantada antes que alguns elementos básicos do JIT, como garantia da qualidade, *layout* específico, manutenção preventiva, troca rápida de ferramenta (TRF), entre outros, estejam funcionando adequadamente.

8.5 Célula de manufatura

> **Célula de manufatura** é um sistema de produção que visa à maior **otimização no uso dos recursos de manufatura**, por meio da integração de processos, máquinas e mão de obra, e da adoção de uma metodologia de trabalho dinâmica, capaz de absorver conceitos modernos de qualidade, produtividade e flexibilidade.
>
> Fonte: Tubino, 2009, grifo nosso.

Entre as diversas ferramentas do JIT, temos o conceito de *célula de manufatura*, ou *manufatura celular*, que visa, por meio de uma organização em célula com operadores multifuncionais, apoiar as metas do JIT. Cada célula é projetada para fazer uma família de peças (ex.: cruzetas, eixos, engrenagens). *Famílias de peças* são definidas como conjuntos de peças que exigem máquinas, operações e dispositivos semelhantes. Normalmente, uma família comporta desde a matéria-prima até as peças acabadas dentro de uma única célula.

A manufatura celular é tipicamente aplicável na produção de confecções, na fabricação de peças metálicas e na indústria de montagem. Na produção de confecções, uma célula pode conter cerca de 10 a 15 máquinas. Em uma célula, poucas máquinas serão idênticas. Um serviço designado para uma célula pode precisar desde uma pequena fração das máquinas até quase a totalidade delas.

8.5.1 Fatores envolvidos na manufatura celular

Não podemos ver a implantação da manufatura celular apenas como um rearranjo no *layout* da instalação. Ela está associada a um conceito *Kaizen*, que permite ganhos produtivos e melhoria contínua. Isso significa dizer que, mais que uma mudança apenas "física", devemos realizar uma mudança cultural e comportamental. O sucesso da manufatura celular reside na forma como os membros da organização entendem o alcance desse conceito, bem como se estarão preparados para contribuir para sua implantação. No Capítulo 9, veremos o conceito de *manufatura flexível* por meio de equipes semiautônomas e de *layout* celular.

A seguir, são listados fatores envolvidos na manufatura celular.

Tecnologia de grupo

Adota-se o conceito de *famílias de itens*, no qual se procura agrupar peças com base na similaridade de forma, tamanho, processo de fabricação etc. Peças pertencentes a famílias de produtos similares serão manufaturadas na mesma célula ou no mesmo grupo de máquinas.

Equipamento

Deve assegurar a manutenção de padrões produtivos quantitativos e qualitativos previamente estabelecidos. Significa dizer que o equipamento deve estar apto a operar em ritmo contínuo, livre da ocorrência de paradas não previsíveis, ao mesmo tempo que deve produzir somente produtos conformes. Isso não deve implicar sofisticação, pelo contrário, o equipamento existente não deve ser considerado obsoleto, mas sim possível de ser recuperado, otimizando-se seu uso em conformidade com os objetivos propostos. Significa aliar flexibilidade (troca rápida), simplicidade (fácil de operar) e confiabilidade (à prova de erros).

Muitos projetos de otimização que envolvem a melhoria de equipamentos levam às mesmas metas e à mesma qualidade de produção que a compra de um novo equipamento, porém a um custo menor. Células compostas de máquinas-ferramentas convencionais podem não só custar menos, mas também funcionar com a mesma produtividade que as alternativas sofisticadas de maior custo. Em algumas fábricas brasileiras com alta eficiência, é possível encontrar equipamentos com mais de 50 anos retrofitados* e produzindo satisfatoriamente.

* O termo *retrofitar* vem do inglês *retrofit*, que significa "modernizar, renovar um equipamento antigo".

Mão de obra

O operador de célula de manufatura deve ser preparado técnica e conceitualmente em todo o processo envolvido na célula, tendo iniciativa e estando motivado para o trabalho. Normalmente participa dos resultados da célula e da empresa. Ele realiza atividades de preparação e operação de máquinas, controla a qualidade de seu trabalho, executa pequenas manutenções e, ao mesmo tempo, está sempre alerta para a detecção de problemas, bem como à sua prevenção. Ele planeja com os colegas, de forma semiautônoma, suas atividades (ver Figura 8.2). Enquanto no JIC os engenheiros planejam a rotina, os funcionários operam (mão de obra) e os inspetores controlam a qualidade, no JIT, os funcionários gerenciam o local de trabalho e realizam a melhoria contínua (cabeça de obra) por meio do ciclo *Plan-Do-Check-Act* (PDCA). Sendo a célula um sistema dinâmico, deve também ser receptivo a mudanças e contribuir para o desenvolvimento constante de seu trabalho. Nesse aspecto, deve ficar claro que a implantação da manufatura celular requer uma mudança total na forma de administrar os recursos humanos da empresa. Sendo o sujeito parte integrante e fundamental do processo, ele precisa ser encarado como um ser pensante (cabeça de obra), e não mais como um mero executor de tarefas repetitivas (mão de obra), planejadas pela engenharia e controladas por inspetores da qualidade (JIC).

Figura 8.2 – Mão de obra no JIC e no JIT

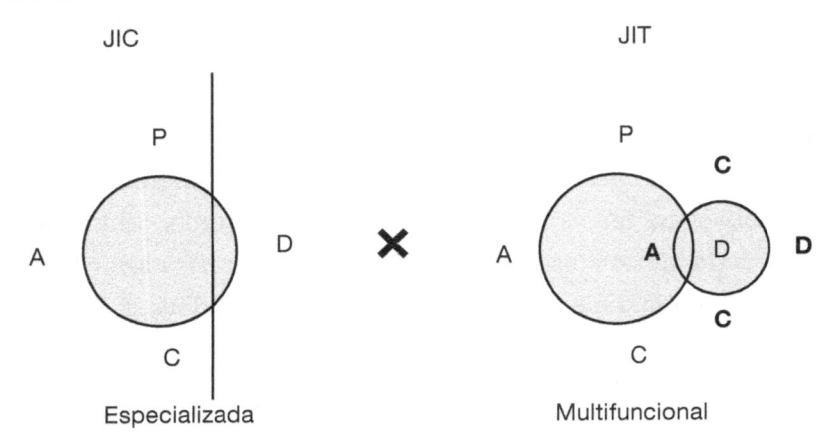

O modelo prega o envolvimento total das pessoas. No entanto, até hoje os sistemas tradicionais de gestão não valorizam o papel do indivíduo no processo, sendo este reconhecido apenas como o sujeito econômico, movido somente pela remuneração. É o conceito clássico de Taylor, que preconiza a divisão do trabalho, na qual alguns decidem e mandam e outros apenas executam.

No JIC: os engenheiros planejam, os operários fazem, os inspetores inspecionam e decidem sobre as ações de retrabalho ou sucateamento.

No JIT: os colaboradores planejam a produção e os postos de trabalho na célula e produzem e controlam a conformidade das peças.

Os sistemas industriais japoneses mantiveram a segmentação ou divisão do trabalho de forma mais ampla e sem tanta rigidez. O que mudou profundamente foi a cultura organizacional, ou seja, a responsabilidade do funcionário em relação à empresa como organização, uma vez que é responsável pelo gerenciamento do seu local de trabalho, toma decisões e realiza melhorias.

No modelo japonês, a participação coletiva é fundamental, pois todos sempre têm contribuição a dar, e é da participação e integração que se consegue reduzir os desperdícios. Na busca contínua pela qualidade e produtividade, são necessários:

- comprometimento com as técnicas a serem implantadas;
- trabalho em equipe;
- busca de melhoria constante.

A atuação das áreas de apoio dá-se pela participação na formação de equipes encarregadas de planejar, desenvolver, implantar e manter o sistema. Trabalhos de manutenção mais complexos são realizados pelos técnicos em manutenção acompanhados pelos operadores da célula.

Para cada equipe, são estabelecidas **metas de produção**. O trabalho ao longo da linha é balanceado entre todas as equipes. Em uma linha pequena, pode existir uma única equipe cujos membros partilham cooperativamente entre si o trabalho, as folgas e os intervalos de almoço. Essa atribuição do trabalho, por sua vez, baseia-se na velocidade natural dos indivíduos. A sintonia fina do montante de trabalho atribuído a cada operário pode se dar por tentativas e erros, em um período de várias horas ou mesmo dias de produção. Quando um operador da célula termina sua atividade antes dos demais, ele auxilia os montadores nas posições adjacentes a completarem suas tarefas. A **motivação** e a **disciplina** do grupo são consequências disso. Por um lado, os operadores inclinados a um desempenho inferior às suas habilidades naturais acabam sendo disciplinados pelo grupo; por outro, a organização em equipes estimula um espírito de jogo e competição, contribuindo para que os operadores tenham, rotineiramente, prazer em trabalhar em um ritmo mais acelerado que o normal.

Layout

É projetado de forma que permita o fluxo contínuo de peças e a integração entre o processo e os operadores. Deve ser dinâmico, de forma que possibilite rapidez na atuação da manutenção e no remanejo de equipamentos. A disposição das máquinas deve ser tal que permita a maior proximidade possível entre elas. Normalmente, devem ser dispostas em forma de U ou Y. As verdadeiras vantagens que foram percebidas na implantação do *layout* celular em forma de U são as seguintes:

- Como a célula deve operar de forma sincronizada em todas as operações, o formato em U permite o uso de um mesmo operador para a primeira e a última operação da célula, de forma que esse operador abasteça a célula inicial com a mesma proporção e frequência que a final.

- Aproveitando a multifuncionalidade do operador, o *layout* em forma de U permite que um operário possa operar mais de uma máquina ao mesmo tempo, eliminando tempos de espera. No que diz respeito ao nível ocupacional das máquinas, em princípio estas estarão menos ocupadas, mas, em compensação, a mão de obra será utilizada ao máximo. Observe que máquina parada significa reserva para aumentos imprevistos na demanda, enquanto mão de obra ociosa é custo que se está gerando para a empresa.

Você sabia que a **diversidade de operações na célula**, como operar máquina, controlar a qualidade, manusear, transportar e fazer manutenção, torna o dia de trabalho bem mais **agradável**?

Observe os três *layouts* da Figura 8.3. O primeiro (a) exige maiores deslocamentos dos dois operadores para atenderem, cada um, quatro máquinas da célula de manufatura. No *layout b*, os deslocamentos dos operadores são menores, permitindo ao mesmo operador controlar as entradas e saídas das peças. O terceiro (c), com quatro operadores, possibilita produção maior. Conforme a demanda oscila, uma célula pode ser ocupada por mais ou menos operadores, dando flexibilidade à produção. Eles devem ser qualificados e multifuncionais (polivalentes) para operar diferentes tipos de equipamentos (fresa, torno, retífica, furadeira, rosqueadeira) na célula de manufatura.

Figura 8.3 – Layout *celular em* U

a) Célula com dois operadores e maior deslocamento (deslocamento em excesso)

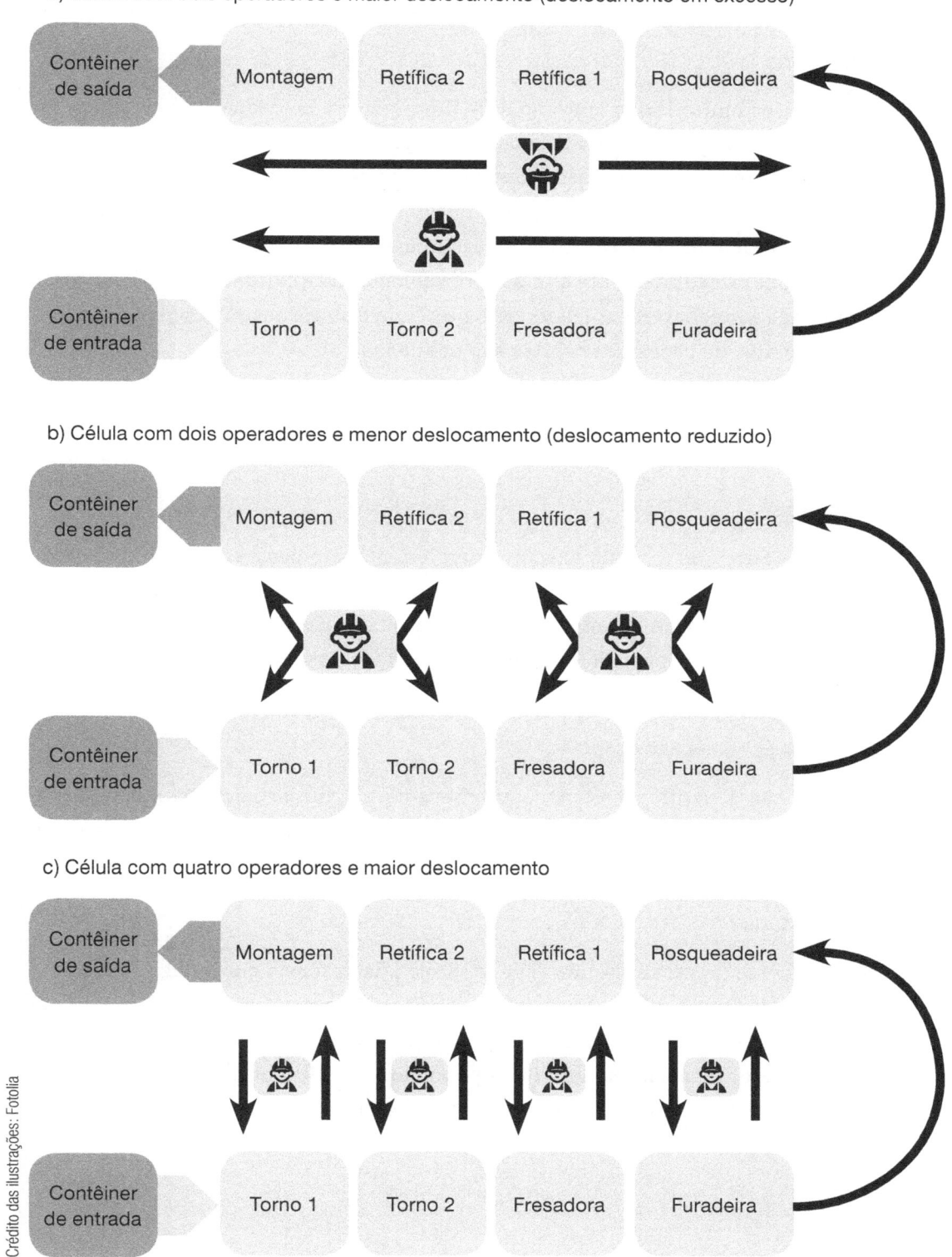

b) Célula com dois operadores e menor deslocamento (deslocamento reduzido)

c) Célula com quatro operadores e maior deslocamento

Fonte: Elaborado com base em Tubino, 2007, p. 34.

O transporte na célula, entre as máquinas, normalmente é feito em pequenas quantidades, por calhas ou transportadores de roletes.

Qualidade

É um fator muito importante no JIT. Uma vez que os desperdícios devem ser eliminados, inclusive retrabalhos e sucatas, estes serão minimizados com a produção somente de produtos conformes. Nas células de manufatura, essa condição é mais fácil de ser alcançada, uma vez que as pessoas envolvidas estão em contato permanente com as diversas atividades em andamento e aptas a detectar e solucionar imediatamente quaisquer problemas de qualidade. Um produto não conforme é imediatamente detectado na célula e as perdas são menores, pois as quantidades de peças nas células são pequenas.

O operador é o responsável pela qualidade do produto que faz. Ninguém na empresa tem autoridade para fazer produtos fora da especificação.

Processo

É importante que a célula execute completamente o processamento do lote de peças programado sem a necessidade de transportá-lo para outros postos de trabalho. Quanto mais completo for o processo absorvido pela célula, maior será a eliminação de desperdícios (tais como transportes, inspeções, estoques etc.) que não agregam valor ao produto.

Participação e envolvimento

A formação da equipe é um aspecto-chave para o sucesso do JIT. É necessário haver participação e envolvimento de técnicos da qualidade, de processos, de manutenção e projetistas. Além disso, toda a equipe deve ter objetivos comuns.

Flexibilidade

Em um contexto geral, a célula deve ser projetada de forma que reduza ao máximo os ciclos de fabricação e o *lead time* da fábrica. Essa condição é fundamental na minimização dos efeitos que as variações de demanda provocam na produção. A célula produz normalmente lotes pequenos (ex.: 200 peças) e deve ter troca rápida de ferramentas para aumentar sua flexibilidade.

Planejamento da produção

Considerando-se que a célula é um sistema flexível de manufatura e de necessidades de atendimento e vendas, o planejamento da produção deve buscar o menor período de programação diária ou semanal, observando-se a necessidade de integração entre as etapas do processo anterior e posterior ao realizado na célula. O planejamento da produção deve sempre contemplar o *mix* da família de itens para o qual a célula foi projetada, ou seja, todos os itens da família podem ser produzidos a qualquer momento e repetidamente conforme a demanda. A programação da produção deve ser visível e de fácil interpretação para os operadores da célula, considerando sua autonomia de trabalho, ou seja, informando a todos o que, quando e como produzir.

Visualização do sistema produtivo

Todas as atividades relativas à célula de manufatura devem ser do conhecimento de todas as áreas da empresa que tinham maior ou menor envolvimento com elas. Assim, torna-se possível visualizar, a qualquer momento, informações como: o que foi produzido, o que falta, o número de paradas e as quantidades de produtos não conformes. Dessa forma, informações relativas a *layout*, processo, fluxo de produção, programação de manutenção preventiva, férias etc., bem como dados sobre a evolução de todas as atividades de melhorias implementadas na célula, devem ser do conhecimento de todas as áreas envolvidas.

Os quadros 8.2 e 8.3 comparam e sintetizam os sistemas de produção JIC e JIT. É possível identificarmos as principais diferenças entre eles.

Quadro 8.2 – Características do sistema JIC

Sistema tradicional (JIC)
• Prioriza-se a estrutura de produção, levando-se em conta as restrições impostas pelo mercado.
• A produção é empurrada para o mercado.
• Dentro de certos parâmetros considerados eficientes, perdas são admitidas.
• Há tendência de produzir-se em grandes lotes (otimização do uso da instalação).
• Os estoques tendem a ser altos.
• Os tempos do ciclo de fabricação (*lead time*) são altos.
• Os operadores são altamente especializados.
• O controle da qualidade é centralizado.
• Os equipamentos e produção são focalizados e têm baixa flexibilidade.
• Há relação de competição com os fornecedores (lei do mais forte).
• Busca-se baixa customização de produtos.

Fonte: Antunes Junior; Fensterseifer; Kliemann Neto, 1989.

Quadro 8.3 – Características do sistema JIT

Sistema JIT
• Prioriza-se o mercado, levando-se em conta as restrições impostas pela estrutura de produção. • A produção é puxada pelo mercado. • Perdas não são admitidas, sendo, ao contrário, severamente combatidas. • Há tendência de produzir-se em pequenos lotes. • Os estoques iniciais, intermediários e finais são minimizados. • Os tempos do ciclo de fabricação são baixos. • Os operadores são multifuncionais ou polivalentes. • O controle da qualidade é pulverizado. • Equipamentos e produção com alta flexibilidade. • Há relação de parceria com os fornecedores. • Busca-se alta customização de produtos.

Fonte: Antunes Junior; Fensterseifer; Kliemann Neto, 1989.

8.6 Outras ferramentas do *just in time*

Para atingir os objetivos de redução de perdas, foram desenvolvidas várias outras ferramentas ao longo de décadas na empresa Toyota Motor Company. Destacamos, nesta seção, o sistema de troca rápida (STR), a manutenção produtiva total e *poka-yoke*.

8.6.1 Sistema de troca rápida

Quando o custo de *setup* de máquina é alto, os lotes produtivos também são grandes e o investimento resultante em estoques, elevado. Agora, se o custo de *setup* é pequeno, torna-se possível produzirmos somente a quantidade estritamente necessária para aquele dia. Consequentemente, eliminamos o investimento em estoques decorrentes de grandes lotes.

Se o lote econômico é resultado da minimização dos custos totais de manutenção dos estoques e de preparação de máquina, então o caminho para reduzirmos o lote econômico é reduzir os custos de preparação. Com isso, conseguimos chegar próximos ao conceito de **lote unitário**.

Quando o tempo de *setup* for elevado (Tabela 8.1), procuramos reduzir o tempo unitário de peças (1,024 min.) aumentando o tamanho do lote (mil peças). O cálculo do tamanho do lote no JIC é baseado no conceito de lote econômico de produção (LEP), visto no Capítulo 4.

Tabela 8.1 – Tamanho de lote no JIC

Tempo de *setup*	Tempo de usinagem (por peça)	Tamanho do lote	Tempo total (por peça)
240 min.	1 min.	100	1 + 240/100 = 3,4 min.
240 min.	1 min.	1.000	1 + 240/1.000 = 1,24 min.
240 min.	1 min.	10.000	1 + 240/10.000 = 1,024 min.

Fonte: Lean Institute Brazil, 2004.

No JIT, ao contrário, diminuímos continuamente o tempo de *setup* (3 min.) e o tamanho do lote (100 peças), obtendo aproximadamente o mesmo tempo unitário.

Tabela 8.2 – Tamanho de lote no JIT

Tempo de *setup*	Tempo de usinagem (por peça)	Tamanho do lote	Tempo total (por peça)
240 min.	1 min.	100	1 + 240/100 = 3,4 min.
120 min.	1 min.	100	1 + 120/100 = 2,2 min.
60 min.	1 min.	100	1 + 60/100 = 1,6 min.
3 min.	1 min.	100	1 + 3/100 = 1,03 min.

Fonte: Lean Institute Brazil, 2004.

Podemos, portanto, atingir o mesmo efeito do lote de 10 mil peças (1,03 min. × 1,024 min.) reduzindo o tempo de troca de ferramentas.

Shigeo Shingo, um dos pioneiros no Japão em redução de preparação de máquinas, desenvolveu o sistema **single minute exchange of die (SMED)**, com tempos de *setup* inferiores a 10 minutos.

Observe o método de Shingo para reduzir o tempo de *setup*:

- Eliminar todas as atividades desnecessárias (ex.: transporte, requisição, limpeza do ferramental).
- Separar as atividades externas (ex.: buscar ferramental, *preset*) e internas (ex.: colocar o ferramental).
- Tornar todas as atividades internas possíveis em atividades externas.
- Reduzir o tempo das atividades internas.
- Adotar padronização de ferramental.
- Adotar fixação rápida.
- Eliminar ajustes e regulagens.
- Mecanizar o sistema de troca de ferramental.

Em quase todo *setup*, as regulagens iniciais (geralmente rápidas) são seguidas de extensos períodos de processamento experimental de amostras, com medições e ajustes adicionais. Conforme mostra a Figura 8.4, o processo de tentativa e erro costuma gerar itens defeituosos, que talvez precisem ser reprocessados ou sucateados. Ao ser indagado sobre a duração do *setup*, um preparador pode responder que é de duas horas; porém, na verdade, leva-se muito mais tempo até produzir a primeira peça conforme. Entre os objetivos de um projeto de redução do tempo de preparação da máquina, devemos incluir a eliminação da tentativa e erro, sem ajuste. É possível ajustarmos as máquinas e centralizar ferramentas e acessórios no ponto preciso para iniciar a produção, garantindo que a primeira peça produzida seja conforme.

Figura 8.4 – Eliminando a tentativa e o erro no setup

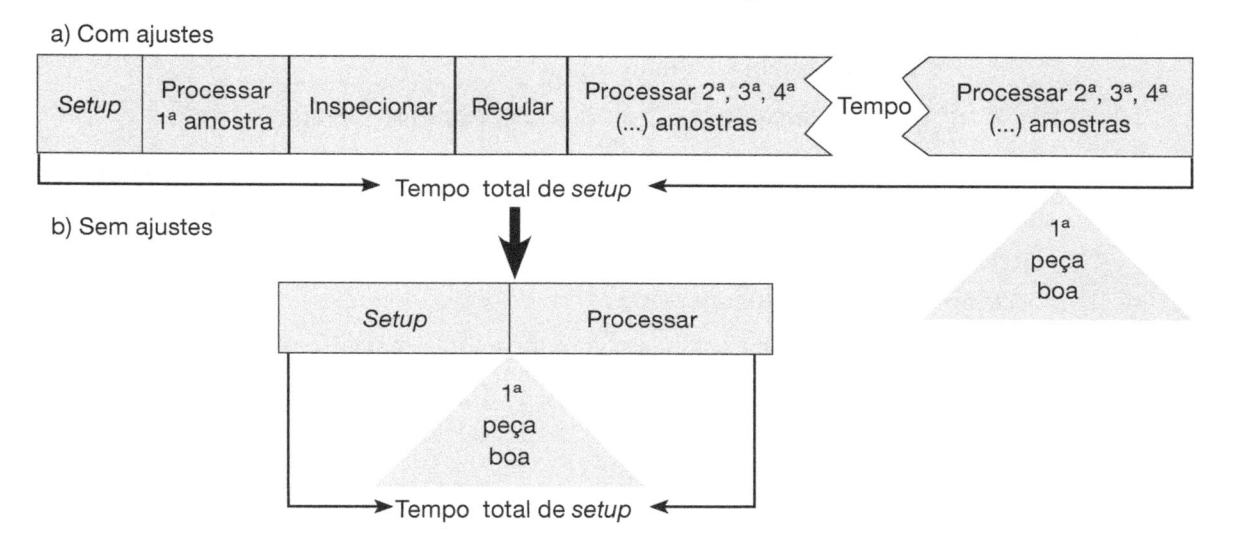

a) Com ajustes

| Setup | Processar 1ª amostra | Inspecionar | Regular | Processar 2ª, 3ª, 4ª (...) amostras | Tempo | Processar 2ª, 3ª, 4ª (...) amostras |

→ Tempo total de *setup* ←

b) Sem ajustes

1ª peça boa

| Setup | Processar |

1ª peça boa

→ Tempo total de *setup* ←

Fonte: Lean Institute Brazil, 2004.

8.6.2 Manutenção produtiva total

A manutenção produtiva total (MPT), desenvolvida por Nakajima, no Japão, é um programa de manutenção preventiva baseada na participação ativa dos funcionários com a finalidade de evitar quebras de equipamentos, alcançando, assim, a máxima eficiência do sistema produtivo.

A MPT representa uma mudança de atitude de toda a empresa, visando somar esforços na eliminação de perdas e desperdícios, reduzir paradas, garantir a qualidade e diminuir os custos operacionais. Busca, assim, o aumento do rendimento da produção e da confiabilidade dos equipamentos por meio da interação entre diversos setores da fábrica e da participação de todos os operadores na correção e, principalmente, na prevenção de quebras de equipamentos.

Para fazermos a MPT, são necessários alguns pontos, elencados pelo Lean Institute Brazil (2004):

- Participação de todos na empresa.
- Conhececimento do o método.
- Promoção da colaboração e da integração entre produção e manutenção.
- Valorização do conhecimento que o operador tem sobre a máquina.
- Melhora do ambiente de trabalho.
- Participação do operador na manutenção da máquina.

- Capacitação de operadores e mecânicos na percepção de falhas de limpeza, lubrificação, ruídos estranhos, folgas, vazamentos e aquecimentos, evitando a quebra da máquina.
- Eliminanação e diminuição das seis grandes perdas.

As seis grandes perdas, segundo Nakajima (1998), são por (1) parada acidental; (2) mudança de linha; (3) operação em vazio; (4) queda na velocidade de trabalho; (5) defeito no processo e (6) defeito no início de produção.

O operador participa da MPT:

- realizando a limpeza básica e mantendo a máquina sempre limpa;
- elaborando uma lista de verificação diária ou semanal da máquina (vazamento, ruído, óleo);
- localizando defeitos e executando pequenos reparos;
- eliminando desperdícios (iluminação desnecessária, vazamentos);
- realizando a manutenção espontânea (troca de mancais, rolamentos e mangueiras).

Os autores deste livro já presenciaram paradas de linhas de produção seriada sendo "festejadas" por funcionários, como se os motivos da interrupção da produção (falta de um componente, falhas de qualidade ou quebra de um mecanismo) não fossem de responsabilidade deles, tornando-se apenas desculpas para pararem de trabalhar.

8.6.3 Poka-yoke

Os dispositivos *poka-yoke* (ou à prova de falhas), são elementos capazes de detectar anomalias nos procedimentos de operadores e de máquinas. Dessa forma, são bloqueadas as possibilidades de ocorrência de erros na execução das operações. As características desses dispositivos são as seguintes:

- Apresentam capacidade de utilização em regime de inspeção 100%.
- São simples e dispensam a atenção permanente do operador, o que permite a operação de diversas máquinas em uma célula.
- Têm, geralmente, baixo custo de implantação.

■ **Síntese**

O sistema JIT é uma filosofia de organização da produção que significa produzir as unidades em quantidades solicitadas no tempo e no local necessários. Segundo Antunes Junior, Fensterseifer e Kliemann Neto (1989), as características que diferem o JIT do JIC são as seguintes: prioriza-se o mercado (demanda), levando-se em conta as restrições impostas pela estrutura de produção; a produção é puxada pelo mercado; as perdas não são admitidas, sendo, ao contrário, severamente combatidas; há tendência de produzir-se em pequenos lotes; os estoques iniciais, intermediários e finais são minimizados; os tempos do ciclo de fabricação são baixos; os operadores são multifuncionais ou polivalentes; o controle da qualidade é pulverizado; equipamentos e produção apresentam alta flexibilidade; há relação de parceria com os fornecedores e busca-se alta customização de produtos.

Para a implantação do JIT, algumas ferramentas são fundamentais, como o STR, a MPT, os *kanbans* e o *poka-yoke*.

■ **Questões para revisão**

1. Qual a relação entre o *lead time* e os estoques de matéria-prima intermediário e final?

2. Explique a relação do JIT com:
   a. a TRF;
   b. a qualidade total;
   c. o *layout* celular;
   d. o MRP e o MRP II.

3. Analise as relações entre o lote econômico de fabricação (LEP), a redução dos tempos de preparação e a existência de estoques na empresa.

4. Discuta como os *kanbans* podem ser aplicados e que forma eles podem assumir em uma lanchonete *fast-food*.

5. Sobre as repercussões que a adoção da manufatura celular pode trazer sobre as empresas que adotam essa técnica e seus trabalhadores afirma-se:

   I. Para se adotar a manufatura celular, deve-se mudar cultura organizacional da empresa.

   II. O operário se aproxima cada vez mais em ser um executor de tarefas repetidas.

III. O operário passa a ser um gestor capaz de ter uma visão de toda a célula, inclusive das etapas de produção.

IV. Evita-se a diversidade de atividades em uma mesma célula de produção.

V. A maior responsabilidade proporciona um ambiente no qual o trabalhador se sente mais autômo.

Estão corretas apenas as afirmações:

a. III, IV e V.
b. I, III e IV.
c. II, III e V.
d. I, III e V.

6. Um fabricante de computadores se organizou em três setores: produção da base, produção dos monitores e instalação de *software* com testes. Ele trabalha com lotes de 10 unidades e precisa de 1 minuto para cada operação, por unidade. Desconsidere o tempo de transporte e entrega e calcule:

   - o tempo necessário para entregar o primeiro lote ao cliente;
   - o tempo necessário para entregar o primeiro computador;
   - o tempo de valor agregado necessário para produzir um computador;
   - o percentual de atividades que não agregam valor.

   Assinale a alternativa que apresenta a sequência correta:

   a. 50 min., 40 min., 5 min., 70%.
   b. 40 min., 32 min., 4 min., 80%.
   c. 27 min., 18 min., 9 min., 90%.
   d. 30 min., 21 min., 3 min., 90%.

■ Questões para reflexão

1. Reflita sobre as formas de inserir o pensar sistêmico (mais abrangente) necessário ao desenvolvendo da cultura JIT em empresas com sistemas tradicionais (JIC)?

2. Discuta a possibilidade de adoção do JIT por uma empresa industrial de pequeno porte.

■ Para saber mais

■ Filme

CLASSIC General Motors Auto Manufacturing Films – 1930s. Silent, B&W. 37 min.

Mesmo apenas disponível em inglês, o curta mostra os modelos de produção pré-Segunda Guerra Mundial largamente adotados. No filme, podemos ver os contrastes do mercado moderno e como os sistemas produtivos tiveram que se aperfeiçoar e melhorar para conseguirem atender às necessidades dos clientes, dando espaço para o crescimento e o aparecimento de filosofias produtivas como o JIT.

■ Livros

SHINGO, S. **O sistema Toyota de produção**. Porto Alegre: Bookman, 1996.

Essa é uma obra clássica na literatura do sistema Toyota de produção. O autor propõe uma sistemática objetivando analisar e eliminar as perdas nas fábricas. São tratados os aspectos conceituais para o desenvolvimento de sistemas de produção aos moldes do sistema Toyota de produção. O livro também apresenta as técnicas ligadas ao JIT, como a troca rápida e o sistema puxado por kanban.

OHNO, T. **O sistema Toyota de produção**. São Paulo: Atlas, 1990.

Produzido pelo próprio criador do JIT, Taiichi Ohno explica os princípios de lean *e produção enxuta, inicialmente empregados na Toyota e atualmente difundidos em diversas empresas pelo globo. Esse livro, mesmo contendo os ensinamentos das técnicas, enfatiza a criação do JIT e seus primeiros passos na Toyota.*

9 Teoria das restrições

Conteúdos do capítulo:
- Apresentação da teoria das restrições (TOC).
- Medidas globais e operacionais para verificar o desempenho de sistemas produtivos.
- Análise e eliminação das perdas segundo a TOC.
- Introdução à sincronização da manufatura.

Após o estudo deste capítulo, você será capaz de:
1. identificar a(s) restrição(ões) de um sistema produtivo;
2. aplicar o modelo analítico para avaliar o desempenho do sistema;
3. identificar e analisar as perdas geradas com base no(s) recurso(s) restritivo(s);
4. sincronizar o sistema produtivo com "o tambor, a corda e o pulmão", buscando melhorar seu desempenho;
5. identificar as diferenças conceituais entre JIT, JIC e TOC.

9.1 Introdução à teoria das restrições

A **teoria das restrições**, do inglês *theory of constraints* (TOC), e a **tecnologia da produção otimizada**, do inglês *optimized production technology* (OPT), constituem duas formas de gestão industrial. Ambas foram criadas pelo físico israelense Eliyahu M. Goldratt. A difusão de suas ideias deu-se após a publicação de seu livro *A meta* (Goldratt; Cox, 1993), em 1986.

As metodologias foram desenvolvidas visando à otimização dos processos produtivos, principalmente em termos dos ganhos econômicos resultantes. A metodologia OPT constitui uma aplicação dirigida especificamente aos **processos produtivos** no chão de fábrica. A TOC, por sua vez, é uma generalização da OPT, que busca enfocar o **sistema produtivo** (fábrica) como um todo (Goldratt; Cox, 1993).

Para a elaboração dessas metodologias, Goldratt partiu do princípio de que a meta de toda empresa é a obtenção do lucro. Para Goldratt (citado por Corrêa; Corrêa, 2012), "a meta da empresa é fazer dinheiro (*to make money*), tanto no presente como no futuro". Ele considerou, ainda, que o processo de fabricação contribui para a obtenção do lucro pelo aumento do fluxo de materiais (*throughput*), pela diminuição dos estoques e pelas despesas operacionais (Corrêa; Corrêa, 2012).

9.2 Modelos analíticos da teoria das restrições

Goldratt e Cox (1993) propõem a utilização de um conjunto de medidas globais e operacionais, destinadas a verificar as **condições de desempenho** de um sistema produtivo.

a. **As medições globais envolvem os seguintes aspectos:**

- **Lucro líquido** – Mede quanto dinheiro, em termos absolutos, a empresa está gerando.

- **Retorno sobre o investimento** – Dimensiona o esforço necessário para a empresa atingir determinado nível de lucro. Esse indicador, portanto, constitui um medidor que relaciona o lucro ao investimento necessário para gerá-lo.

- **Caixa (fluxo de caixa)** – Constitui uma situação necessária para a "sobrevivência" da empresa. De acordo com um trocadilho de Goldratt, "para a empresa que possui caixa suficiente, caixa não é o mais importante, mas, se a empresa não o possuir, nada será mais importante do que a liquidez" (Goldratt; Cox, 2002).

Esses parâmetros constituem as medições globais do gerenciamento tático e estratégico de uma empresa utilizadas na avaliação do alcance de sua meta. No entanto, Goldratt (citado por Corrêa; Corrêa, 2012) constata que é necessário traduzi-las também ao nível operacional, envolvendo as decisões do dia a dia do sistema produtivo. Segundo o autor, as decisões desse nível são geralmente norteadas pelo caráter intuitivo ou pela visão de custos, via regras contraditórias e falhas, como elementos de apoio à tomada de decisões locais. Assim, Goldratt define os elementos de ligação, ou parâmetros operacionais, que auxiliam no direcionamento das ações rumo à meta da empresa (Corrêa; Corrêa, 2012).

b. **As medições operacionais, por sua vez, caracterizam-se pelas seguintes medidas:**

- **Fluxo** – É definido como a taxa gerada pelo sistema produtivo por meio das vendas, ou seja, do fluxo de produtos vendidos. Produtos não vendidos são considerados estoques. O fluxo está relacionado com o valor econômico agregado (VEA), ou seja, quanto valor um produto vendido agrega ao cliente.

- **Estoque** – É definido como o dinheiro que a empresa investe na compra de materiais necessários para a fabricação de produtos que se pretende vender no futuro, ou seja, o valor da matéria-prima adquirida.
- **Despesa operacional** – É definida como todo o dinheiro que a empresa gasta na transformação de estoque em fluxo.

Esses conjuntos de medições globais e operacionais estão relacionados entre si, conforme podemos perceber na Figura 9.1. De acordo com Goldratt e Cox (1993), as decisões locais, na medida do possível, devem ser norteadas pelo aumento do fluxo aliado a uma redução de estoques e de despesas operacionais. Nesse caso, a empresa estará melhorando o desempenho na meta de aumentar o lucro líquido, o retorno de investimentos e o fluxo de caixa.

Na filosofia da TOC, a melhoria contínua do **desempenho da produção** é obtida pelo aumento do VEA e pela redução das despesas operacionais e do estoque.

Fonte: Frazier; Gaither, 2001, p. 340, grifo nosso.

Figura 9.1 – Conjunto de medições globais e locais dos processos produtivos

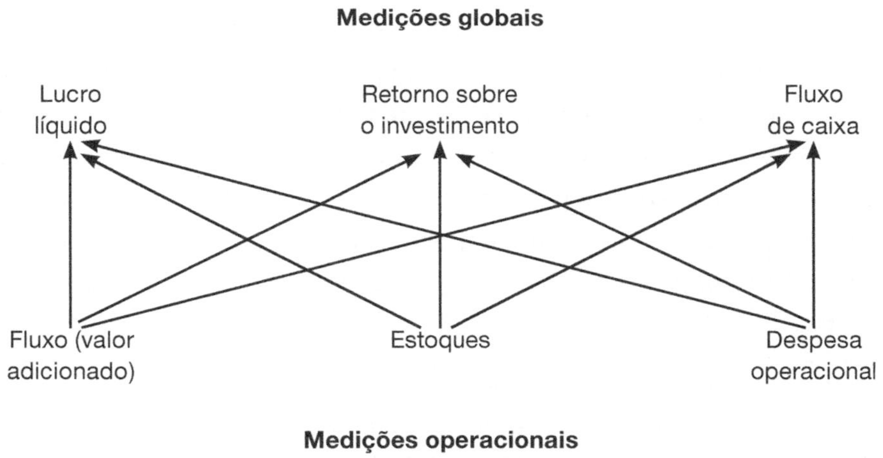

Medições globais

Lucro líquido — Retorno sobre o investimento — Fluxo de caixa

Fluxo (valor adicionado) — Estoques — Despesa operacional

Medições operacionais

Fonte: Goldratt; Cox, 1993, p. 109.

9.3 Restrições do sistema produtivo

A TOC poderia ser definida como uma ampliação da OPT para toda a empresa, envolvendo os meios externo e interno. A TOC constitui uma sistemática de análise e de identificação das poucas restrições críticas que efetivamente limitam o sucesso de um sistema inteiro – seja ele produtivo, seja empresarial –, para, então, propor formas de atuação sobre essas restrições que assegurem ao sistema soluções globais (não específicas). Nesse sentido, Goldratt e Cox (1993, p. 67) identificam uma restrição como "qualquer coisa que limite o sistema produtivo na busca do atingimento de sua meta". Para tanto, partem de um raciocínio sistêmico, envolvendo alguns princípios básicos:

1. O desempenho do sistema produtivo é afetado por todos os seus elementos (partes).
2. Os elementos do sistema (ex.: máquinas e células produtivas) são interdependentes e se afetam mutuamente.
3. O agrupamento das partes do sistema, formando subgrupos, também é sujeito às regras anteriores.

Conforme vimos no Gráfico 3.1 (Capítulo 3), todo sistema produtivo apresenta um ou mais **gargalos**. Uma ação de aumento de capacidade em recursos não gargalos não afeta a capacidade do sistema. Em vez de vermos o sistema em termos de componentes discretos, devemos tratá-lo como elos interconectados de uma corrente, em que os esforços para fortalecer qualquer elo que não o mais fraco em nada melhorarão o desempenho global da corrente. Somente quando o elo mais fraco for reforçado é que se torna produtivo nos concentrarmos em outros mais fracos.

A teoria das restrições interpreta o elo mais fraco como a **restrição do sistema**. Em todo sistema existe uma ou mais restrições (internas ou externas).

A atuação sobre a restrição é o que nos possibilita alcançar alterações mensuráveis na saída do sistema. De forma contrária, ou seja, enquanto a restrição não for resolvida, nenhum resultado apresentado pelo sistema poderá ser vinculado a ações sobre seus outros pontos. Também devemos atentar para o fato de que, mesmo que a restrição em análise seja eliminada, algum outro elo fraco passará a constituir a nova restrição que limita o sistema. Essa nova restrição passará a ser, então, o objeto de atuação.

A restrição é qualquer parte do sistema que impede que possamos alcançar maior desempenho em relação à sua meta ou é qualquer elemento que impede a organização de aumentar seu VEA.

Ao elevarmos a capacidade do recurso, aparecerão outras restrições, uma vez que sem restrições o lucro seria infinito.

Fonte: Antunes Junior, 1998.

Segundo a TOC, as restrições podem aparecer sob três grandes grupos:

1. **Recursos (físicos)** – Restrições de capacidade ligadas à manufatura. A TOC distingue dois tipos de restrições físicas.
    - **Gargalo**: recurso cuja capacidade é menor ou igual à demanda do mercado.
    - **Recursos restritivos da capacidade**: recursos que, se não forem utilizados adequadamente, podem prejudicar a *performance* do VEA.
2. **Mercado** – Restrição que se encontra fora da empresa. Refere-se à demanda, ou seja, não existe demanda suficiente para os produtos.
3. **Políticas** – Restrições de caráter decisório ou gerencial. Muitas vezes, são de difícil identificação, mas restringem a produtividade. Podem ser procedimentos e práticas usuais que restringem a empresa de aumentar seus lucros. Muitas foram escritas ou verbalizadas e, frequentemente, ninguém pode explicar a origem dessas políticas.

9.4 Redução das perdas segundo a teoria das restrições

Segundo Goldratt e Cox (1993), o processo de aperfeiçoamento contínuo para a redução de perdas é constituído dos seguintes passos:

1º Identificamos as restrições do sistema em análise, objetivando apenas o elo mais fraco.

2º Decidimos como explorá-lo (eliminá-lo ou, no mínimo, otimizá-lo por meio do seu fortalecimento e da remoção de sua condição de restrição).

3º Subordinamos todos os demais componentes do sistema à decisão anterior, apoiando a máxima eficácia da restrição.

4º Elevamos ou maximizamos a restrição, aumentando o ganho por meio dela.

5º Com base na constatação da eliminação da restrição, voltamos ao primeiro passo, buscando a restrição seguinte conforme a nova configuração do sistema, evitando que a inércia provoque a estagnação do processo de melhoria.

De maneira geral, consideramos que a eficácia no alcance da meta da empresa dependerá, em grande parte, do sucesso da administração de seu sistema de restrições.

9.5 Manufatura sincronizada: "tambor – pulmão – corda"

No início da década de 1980, quando a TOC estava sendo desenvolvida, o foco das atenções concentrava-se na fábrica. Assim, o maior objetivo era melhorar as operações industriais, a fim de aumentar seu resultado ou ganho.

Essa concentração de atenções levou à criação de alguns conceitos ligados à sincronização da manufatura. No caso da TOC, foi criada uma solução denominada de **tambor – pulmão – corda**, conhecida por *TPC*.

Fonte: Antunes Junior, 1998, grifo nosso.

A ideia central é de que, se existe um recurso que limita a capacidade da fábrica (gargalo), todos os outros recursos – teoricamente com mais capacidade – terão sua utilização limitada por esse gargalo. Logo, ele passa a ter a função de **"tambor"**, ou seja, dita o ritmo para os demais recursos. No entanto, para que o gargalo possa atuar no máximo de sua capacidade, é preciso protegê-lo contra possíveis variabilidades ou perdas no processo anterior a ele; logo, a condição adequada é utilizarmos um estoque apropriado, que passa a ter a função de **"pulmão"**.

Pulmão é uma reserva que mantém o gargalo funcionando quando ocorrer algum problema no montante do processo.

Fonte: Antunes Junior, 1998, grifo nosso.

Para garantir que passem pelo gargalo somente os itens necessários ao aumento das receitas – produzir o que está sendo vendido –, utilizamos a metáfora da **"corda"**.

Devemos ligar o final do processo ao recurso gargalo, como se existisse uma corda entre ambos, a fim de que não ocorram dispersões, na forma de atrasos, ou aumento dos inventários. O gargalo deve produzir de acordo com a demanda (quantidade e variedade) e essa informação deverá funcionar como um mecanismo de regulação do trabalho do gargalo.

A Figura 9.2 ilustra a aplicação do método TPC a uma linha de produção de usinagem de eixos. O gargalo ou restrições é a furadeira que dita o ritmo da produção como se fosse um "tambor" na fábrica, definindo assim o índice de produção do sistema. A capacidade de 50 peças por hora restringe a capacidade total da linha de produção.

Figura 9.2 – Lógica do TPC em uma linha de produção

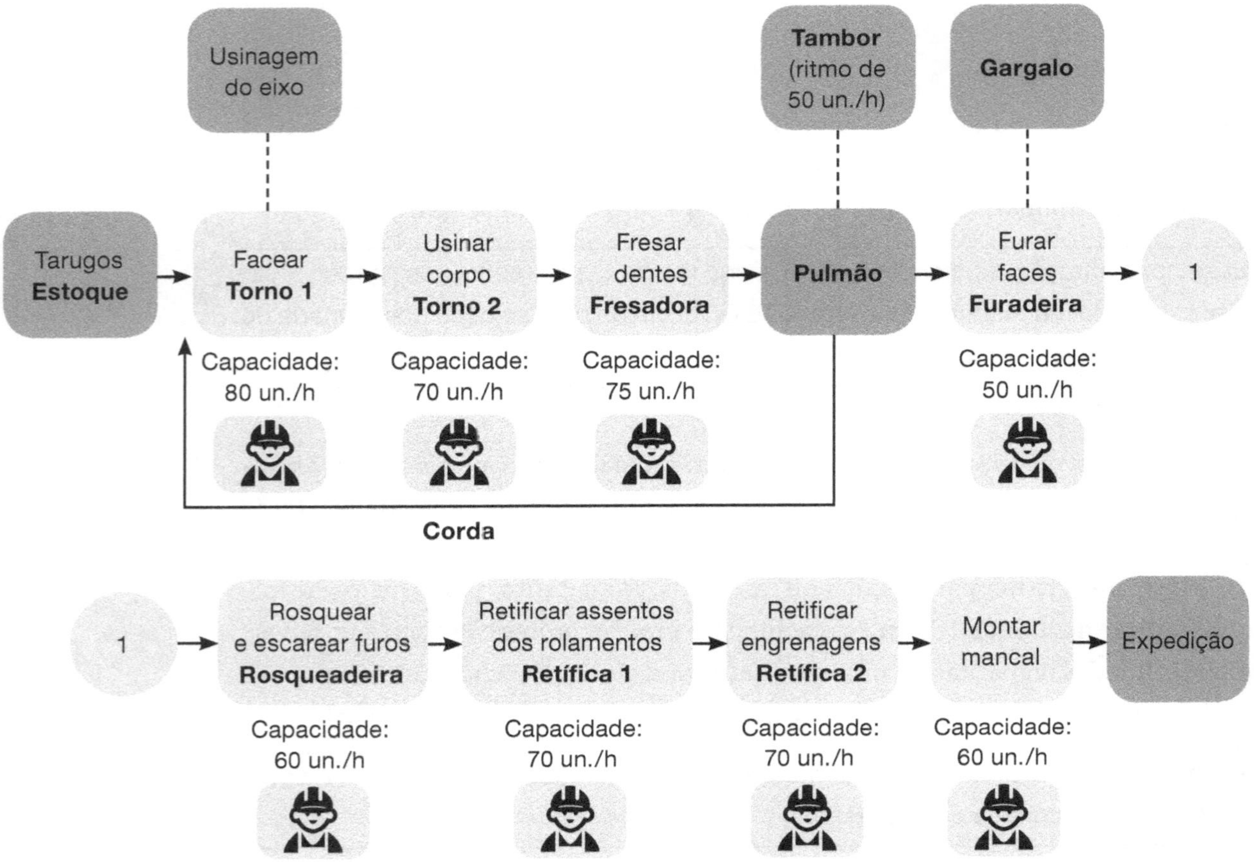

```
                    Usinagem                          Tambor
                    do eixo                         (ritmo de      Gargalo
                                                    50 un./h)
                       ┆                                ┆             ┆
                       ┆                                ┆             ┆
  Tarugos    Facear         Usinar        Fresar                   Furar
  Estoque  → Torno 1    →   corpo     →   dentes    → Pulmão  →    faces      → 1
                            Torno 2       Fresadora                Furadeira

             Capacidade:    Capacidade:   Capacidade:              Capacidade:
             80 un./h       70 un./h      75 un./h                 50 un./h

                                   Corda

              Rosquear         Retificar assentos    Retificar
    1     →   e escarear furos → dos rolamentos   →  engrenagens  → Montar    → Expedição
              Rosqueadeira       Retífica 1          Retífica 2     mancal

              Capacidade:        Capacidade:         Capacidade:    Capacidade:
              60 un./h           70 un./h            70 un./h       60 un./h
```

Crédito das ilustrações: Fotolia

Uma vez que identifiquemos o recurso crítico – o tambor –, os recursos que o antecedem serão puxados com um ritmo igual, ou um pouco superior, ao ritmo da restrição. Esta representa a programação para trás. Após o gargalo, os componentes serão empurrados, no mesmo ritmo, até o final do sistema produtivo, representando a programação para frente.

Assim, fica evidente que o recurso restritivo, representado pelo tambor, deve receber um tratamento especial na fábrica. Esses recursos críticos determinam, em grande parte, o desempenho econômico-financeiro do sistema como um todo. Assim, o tambor deve ser protegido quanto aos eventuais problemas que possam ocorrer nas etapas que o antecedem. Esses problemas podem ser vários, como variabilidades de tempos de processo, problemas associados à qualidade, quebra de máquinas, falta de matérias-primas, falta de operadores, entre outros.

A corda tem como objetivo sinalizar a necessidade de entrada de materiais para a alimentação do gargalo e dos pulmões que antecedem as linhas de produção. Ela libera materiais somente na quantidade e na hora certas – no caso da Figura 9.2, libera do estoque de tarugos 50 peças por hora.

Essa lógica assemelha-se ao sistema *kanban*: o elemento *corda* tem a função de limitar o índice pelo qual a matéria-prima é liberada para a fábrica.

Note que o percentual de utilização dos recursos não gargalos (tornos, fresa, rosqueadeira, retífica e montagem) não é determinado pelas respectivas capacidades, mas pela restrição do sistema, ou seja, o gargalo "furadeira".

9.6 Princípios da produção sincronizada

Os princípios da TOC norteiam o relacionamento entre os recursos não gargalos e os gargalos de um sistema produtivo. Corrêa e Corrêa (2012) indicam as seguintes regras para a programação:

- A taxa de utilização de um recurso não gargalo não é determinada pela sua capacidade, mas por alguma restrição do sistema (ex.: gargalo).
- Ativar um recurso não é sinônimo de utilizá-lo com eficácia. Geralmente isso origina estoques.
- Uma hora perdida no gargalo é uma hora perdida em todo o sistema, pois a capacidade do sistema é definida pela capacidade do gargalo.
- Uma hora ganha em um recurso não gargalo não significa nada, é uma "miragem".
- Os lotes de transferências de um posto de trabalho a outro podem não ser, e muitas vezes não são, iguais aos lotes de fabricação. O lote de transferência é uma fração do lote de processamento. Isso contribui para reduzir o *lead time* de fabricação.
- O tamanho dos lotes em processo deve ser variável, e não fixo. O tamanho do lote é estabelecido pelo cálculo do OPT, considerando-se os custos de manter estoques, os custos de preparação (*setups*), os recursos gargalos e a necessidade do fluxo (valor agregado) de determinado item.
- As restrições da capacidade e demais prioridades devem ser consideradas simultaneamente, e não sequencialmente. Os *lead times* são considerados resultado da programação, pois o tamanho do lote é variável e os lotes de transferência são fracionados.
- Não se deve balancear a capacidade da fábrica, e sim os fluxos desta, os quais são definidos pela capacidade dos gargalos.
- Os gargalos não só determinam o fluxo do sistema, mas também definem os estoques. Para garantir o uso contínuo do gargalo, programa-se um estoque-pulmão localizado antes desses recursos limitantes.

9.7 Identificação do gargalo no *mix* de produção

O exercício a seguir, adaptado de Corrêa e Corrêa (2012), ilustra a identificação do gargalo para determinado *mix* de produção e o seu respectivo lucro. Acompanhe-o.

Uma fábrica produz os produtos *X* e *Y*, conforme mostrado no diagrama a seguir. Toda a produção é vendida. A fábrica tem três máquinas: *A*, *B* e *C*. Cada uma processa uma unidade de matéria-prima por vez. Não há geração de defeitos e tempo de *setup*. Os custos fixos são estimados em R$ 12.000,00 por semana.

Figura 9.3 – Identificação do gargalo no mix *de produto*

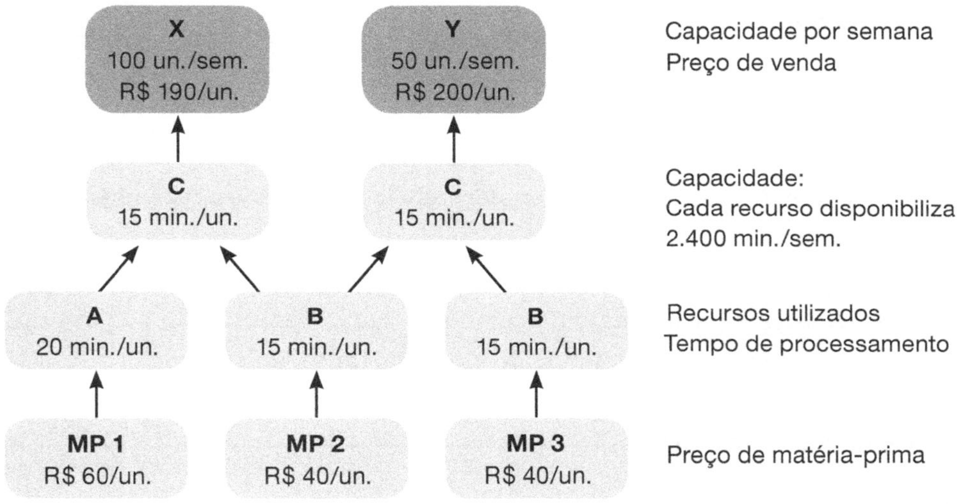

X 100 un./sem. R$ 190/un. **Y** 50 un./sem. R$ 200/un.	Capacidade por semana Preço de venda
C 15 min./un. **C** 15 min./un.	Capacidade: Cada recurso disponibiliza 2.400 min./sem.
A 20 min./un. **B** 15 min./un. **B** 15 min./un.	Recursos utilizados Tempo de processamento
MP 1 R$ 60/un. **MP 2** R$ 40/un. **MP 3** R$ 40/un.	Preço de matéria-prima

Fonte: Adaptado de Corrêa; Corrêa, 2012.

a. Qual é a margem de contribuição máxima dos produtos *X* e *Y*?
   - X = 100 (190 – 100) = 900,00
   - Y = 50 (200 – 80) = 600,00

b. Onde está o gargalo da fábrica?
   Para produzir 100 unidades *X* e 50 unidades *Y*, necessitamos de:
   - Recurso *A*: 100 × 20 min. = 2.000 min. de *A* (máxima capacidade: de 2.400 min.).

- Recurso B: (X) 100×15 min. $= 1.500$ min. $+$ (Y) $50 \times 2 \times 15$ min. $= 1.500$. Ou seja, 3.000 min. de B (máxima capacidade: 2.400 min.). É o gargalo.
- Recurso C: (X) 100×15 min. $= 1.500$ min. $+$ (Y) 50×15 min. $= 2.250$ min.

c. Que *mix* de produto é mais lucrativo, considerando-se a capacidade do gargalo?

- Recurso B: (X) 100×15 min. $= 1.500$ min. Restam 900 min. para B. Ou seja, $\dfrac{900}{(15+15)} = 30$ un. Y.
- Lucro $=$ (X) $100 \times 90,00 +$ (Y) $30 \times 120,00 - 1.200$ (despesas) $= 600,00$.

d. Qual seria o resultado financeiro produzindo-se o máximo de Y?

- Recurso B: (Y) $50 \times 30 = 1.500$ min. Restam 900 min. para A. Ou seja, $\dfrac{900}{15} = 60$ un. X.
- Lucro $=$ (X) $60 \times 90,00 +$ (Y) $50 \times 120,00 - 1.200$ (despesas) $= -600,00$ (prejuízo)

■ Síntese

A TOC é uma abordagem gerencial sistemática que tem por objetivo fazer uma análise do sistema, identificando e "explorando" seus gargalos, fazendo analogia com uma corrente que é tão forte quanto seu elo mais fraco. Qualquer tentativa de melhoria em pontos que não sejam as restrições (ou gargalos) geralmente não trará benefícios para o sistema como um todo. Trabalhando no gargalo, é possível aumentarmos a capacidade do elo e, portanto, do sistema.

■ Questões para revisão

1. Explique por que as restrições comandam o sistema global.
2. Por que afirmou-se que uma hora ganha em um recurso não gargalo é apenas uma "miragem"?

Para responder às questões 3 e 4, observe no fluxo esquematizado a seguir, em que cada operação tem sua capacidade descrita em quantidade de peças/hora.

1ª operação Corte – 90 → **2ª operação** Pintura – 75 → **3ª operação** Inspeção – 120 → **4ª operação** Embalagem – 80 → **5ª operação** Inspeção final – 50

3. Elabore uma interpretação do fluxo como base no conceito de TPC.

4. Qual é a capacidade máxima do fluxo?
   a. 120 unidades.
   b. 50 unidades.
   c. 85 unidades.
   d. Nenhuma das alternativas anteriores está correta.

5. Considere as seguintes OPs:
   - OP1 = 75 unidades.
   - OP2 = 100 unidades.

   Conhecendo o estoque intermediário após essas OPs, calcule a ociosidade acumulada.

   Considere a capacidade de peças por dia por operação.
   a. OP1 = 65.
      OP2 = 20.
   b. OP1 = 75.
      OP2 = 15.
   c. OP1 = 65.
      OP2 = 15.
   d. OP1 = 75.
      OP2 = 20.

6. Considere este sistema de produção de fabricação de calçados:

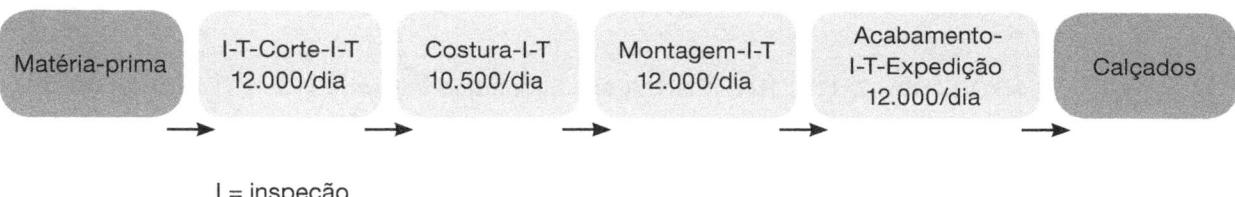

   Matéria-prima → I-T-Corte-I-T 12.000/dia → Costura-I-T 10.500/dia → Montagem-I-T 12.000/dia → Acabamento-I-T-Expedição 12.000/dia → Calçados

   I = inspeção
   T = transporte

   Descreva, de forma objetiva, as diferenças entre a programação da produção no sistema tradicional (JIC), no sistema puxado (JIT) e na TOC usando os seguintes conceitos: pulmão, corda, tambor, *kanban*, sistema centralizado, sistema descentralizado, gargalo, tamanho de lote, sincronização, balanceamento, MRP e MRP II. Qual melhor solução para o PCP você recomendaria? Justifique sua resposta.

■ Questões para reflexão

1. Identifique um processo do seu dia a dia, como o caminho da sua casa ao trabalho. Reflita sobre os gargalos que limitam o melhor rendimento nesse processo e aplique a TOC.

2. Elabore uma análise comparativa entre a TOC e o JIT.

■ Para saber mais

■ Livros

COX, F. J.; SCHLEIER JUNIOR, G. J. **Handbook da teoria das restrições**. Porto Alegre: Bookman, 2010.

Nessa obra, os autores expõem formas de implementação, administração e melhoramento da metodologia criada por Goldratt. O livro apresenta um aprofundamento no conceito de TOC e concentra-se na explicação e no desdobramento das possíveis formas de alavancagem do sistema produtivo por meio de exemplos e estudos de caso.

GOLDRATT, M. E. **Não é sorte**. São Paulo: Nobel, 2004.

Essa é a continuação do livro A meta, *em que o autor Eliyahu M. Goldratt mostra a TOC aplicada ao marketing e à estratégia empresarial, tomando como exemplo casos de várias organizações, ensinando os processos de raciocínio utilizados na solução de diferentes problemas práticos.*

■ *Software*

ROCKWELL AUTOMATION. **Arena Simulation Software 14.7**. Milwaukee, Wi. 2014. Software.

Fornecido pela empresa Rockwell Automation, este software de modelagem e simulação apresenta diversas ferramentas de análise do sistema produtivo. Entre elas, a teoria das restrições (TOC), usada para possibilitar a identificação de gargalos, simulação de pulmões e melhoramento da eficiência produtiva dos pontos de restrição. O software apresenta uma versão simplificada e gratuita para estudantes, que pode ser obtida no seguinte site: <http://www.paragon.com.br/software/arena>.

[para concluir...]

Este livro buscou descrever, de forma introdutória e objetiva, os principais tópicos relacionados ao planejamento e controle de produção (PCP) em sistemas produtivos. Procuramos exemplificar os conceitos para facilitar a sua compreensão e despertar em você o interesse pela disciplina de Administração de Produção e Operações (APO). As ferramentas e técnicas descritas nas diferentes abordagens dos sistemas produtivos contribuem para desenvolvermos uma visão mais sistêmica e desafiadora. Dessa forma, você poderá compreender melhor os problemas e as soluções dos sistemas produtivos. Esperamos que você possa consolidar seu aprendizado por meio dos inúmeros exercícios resolvidos e se desenvolver com as leituras, os vídeos e as simulações sugeridos.

[estudos de caso]

Estudo de caso 1: Aplicação do MRP

Para ilustrar a lógica do MRP, vamos tomar como exemplo o caso hipotético de uma empresa que fabrica os produtos finais X e Y, com os parâmetros definidos na tabela a seguir.

Informações para o MRP

Produtos e componentes	Estoque inicial (un.)	Lead time (semanas)	Estoque de segurança (un.)	LEP ou LEC (un.)
X	10	2	–	15 ou múltiplo
Y	50	1	20	–
A	30	–	–	–
B	70	2	–	–
C	30	–	–	–
D	10	1	10	40

1. Previsão de demanda:
    - Produto X: 10 unidades para a semana 2 e 20 unidades para a semana 4.
    - Produto Y: 30 unidades para a semana 2 e 10 unidades para a semana 3.
2. Departamento de Engenharia:
    - O produto X é montado com base em 1 unidade do componente A e 2 unidades do componente B. Já o produto Y é fabricado com 1 unidade do componente A e 3 unidades do componente D.
    - O componente A exige 2 unidades de C, enquanto o componente B necessita apenas de 1 unidade de D.

Observe as árvores da estrutura dos produtos X e Y e seus respectivos níveis.

Árvores analíticas para os produtos X e Y

Item	Nível	Quantidade
X	0	1
A	1	1
B	1	2
C	2	2
D	2	2

X → (1) A → (2) C; (2) B → (1) D

Item	Nível	Quantidade
Y	0	1
A	1	1
D	1	3
C	2	2

Y → (1) A → (2) C; (3) D

Com base nas informações, elaboramos o MRP nos seguintes passos:

1º Definir o registro MRP com horizonte e período (ex.: cinco semanas).

2º Iniciar com os itens de demanda independente (X e Y).

3º Informar no registro MRP as respectivas necessidades brutas e os estoques.

4º Calcular para cada período as necessidades líquidas e a liberação de ordens.

5º Escolher um componente do próximo nível ou do inferior e calcular o MRP.

Para o cálculo das necessidades do produto X, temos:

Registro MRP para o item X

Registro MRP/Semanas	1	2	3	4	5
Necessidades brutas	–	10	–	20	–
Estoque previsto (inicial = 10)	10	10	0	0	10
Necessidades líquidas	–	0	–	20	–
Liberação de ordens de produção (OP) ou de compras (OC)	–	30	–	–	–

Essa tabela nos permite entender a lógica do MRP:

- Na semana 1, são previstas 10 unidades de X no estoque inicial (EI). Não terá necessidade bruta (demanda).

- Na semana 2, confirmou-se um pedido de 10 unidades, que serão retiradas do estoque.

- Na semana 3, não há necessidade bruta, e o estoque permanece 0.

- Na semana 4, existirá uma necessidade líquida de 20 unidades. Para isso, é necessário liberar uma ordem de 30 unidades duas semanas antes (*lead time* = 2 e LEP = 15 ou múltiplo).

- O estoque previsto na semana 5 será de 10 unidades (30 – 20).

Registro MRP para o item Y

Registro MRP/Semanas	1	2	3	4	5
Necessidades brutas	–	30	10	–	–
Estoque previsto (inicial = 50)	50	20	10	20	20
Necessidades líquidas	–	–	10	–	–
Liberação de OPs ou OCs	–	10	–	–	–

Nessa tabela, observamos que, na semana 3, é prevista uma necessidade líquida de 10 unidades, pois o estoque previsto não pode ser menor que 20 unidades (estoque de segurança). Para isso, é necessário liberar uma ordem de 10 unidades uma semana antes (*lead time* = 1).

Registro MRP para o item A

Registro MRP/Semanas	1	2	3	4	5
Necessidades brutas	–	40	–	–	–
Estoque previsto (inicial = 30)	30	30	0	0	0
Necessidades líquidas	–	10	–	–	–
Liberação de OPs ou OCs	–	10	–	–	–

Essa tabela nos mostra que a demanda bruta do componente *A* é decorrente das ordens liberadas de 30 unidades de *X* e 10 unidades de *Y* na semana 2, totalizando 40.

Para finalizar esse exemplo, vamos calcular o MRP para o item *B*. Suas necessidades brutas são decorrentes das ordens liberadas do produto *X* (30 unidades na semana 2), e para cada *X* são necessárias 2 unidades de *B*, ou seja, 60 unidades.

Registro MRP para o item B

Registro MRP/Semanas	1	2	3	4	5
Necessidades brutas	–	60	–	–	–
Estoque previsto (inicial = 70)	70	70	10	10	10
Necessidades líquidas	–	–	–	–	–
Liberação de OPs ou OCs	–	–	–	–	–

Estudo de caso 2: Semana da Tecnologia

Podemos exemplificar uma aplicação dos conceitos MRP e MRP II na realização anual da Semana da Tecnologia de certa universidade federal. A Semana é organizada pelos alunos representantes de 12 cursos de Engenharia e orientada por um grupo de professores. São ofertadas várias atividades, entre elas, minicursos, palestras, competições, oficinas e visitas técnicas. O evento é realizado no mês de outubro, em data definida pelo Ministério de Ciência e Tecnologia.

As principais atividades cronológicas são:

- formação da equipe organizadora (abril);
- programação das atividades pelos cursos (abril e maio);
- confirmação dos convidados (abril a junho);
- programação geral e obtenção de patrocínio (maio a agosto);
- elaboração do *site* (agosto);
- divulgação das atividades e inscrição (setembro).

A programação geral é resultante da soma das programações dos cursos. Para cada atividade da Semana, são definidos: datas, duração, local e número de inscrições previstas.

Figura 7.7 – Estrutura do kit *aluno*

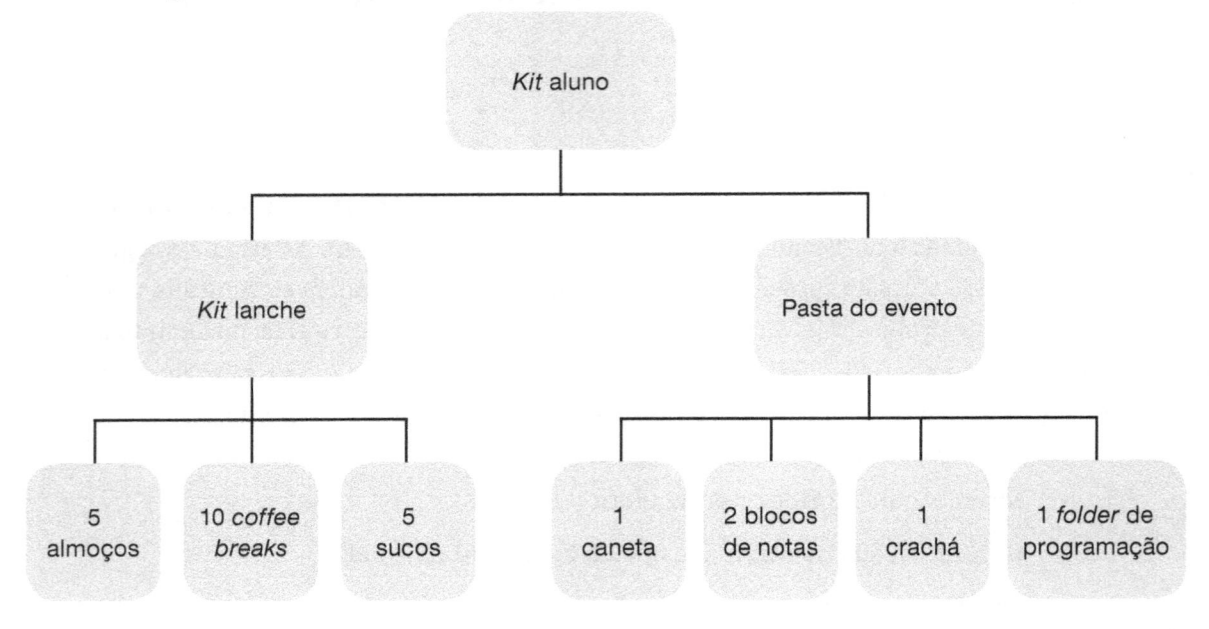

- Kit aluno
  - Kit lanche
    - 5 almoços
    - 10 *coffee breaks*
    - 5 sucos
  - Pasta do evento
    - 1 caneta
    - 2 blocos de notas
    - 1 crachá
    - 1 *folder* de programação

Figura 7.8 – Estrutura do kit *palestrante*

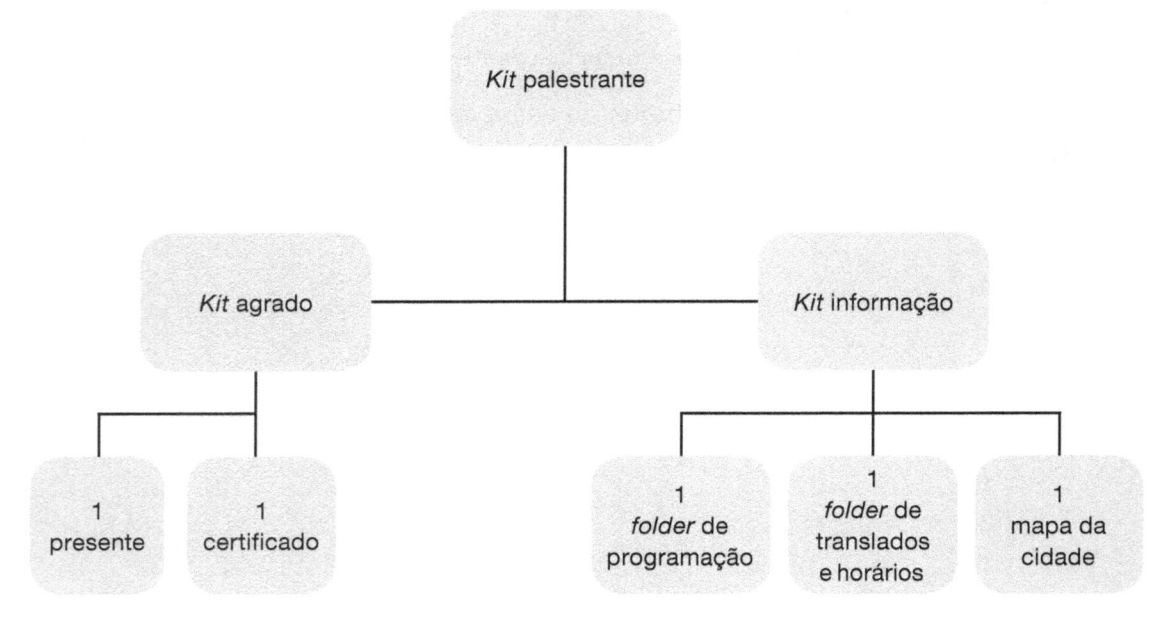

- Kit palestrante
  - Kit agrado
    - 1 presente
    - 1 certificado
  - Kit informação
    - 1 *folder* de programação
    - 1 *folder* de translados e horários
    - 1 mapa da cidade

O MRP auxilia no cálculo das necessidades de materiais para *kits* de alunos e *kits* de palestrantes, conforme as estruturas e o número de inscrições previstas.

O MRP calcula, para cada item da estrutura:

- as **necessidades líquidas**, considerando estoques disponíveis;
- as **datas de aquisição** para cada item, considerando o prazo de entrega;
- a **data-limite de montagem** dos *kits* por um grupo voluntário de estudantes.

O MRP calcula, ainda, a **melhor sequência** e os horários das atividades realizadas ao longo da semana. Precisamos levar em consideração que o conceito de MRP II é uma extensão do MRP.

O MRP II presta apoio na **alocação dos espaços**, considerando número de inscrições e lugares, como:

- alocação de 4 auditórios, levando em conta suas capacidades;
- alocação de 5 laboratórios de informática, considerando suas capacidades;
- alocação das salas e outros espaços necessários;
- alocação de 6 ônibus e micro-ônibus da universidade.

Para a **realização do orçamento**, são considerados e simulados:

- os custos respectivos dos *kits* para alunos e palestrantes;
- as receitas previstas para 750, 1.000 e 1.250 inscrições;
- o orçamento considerando valores dos patrocínios.

Durante a realização das inscrições, o MRP II **calcula a demanda real** (inscrições) por atividade e a **realoca** conforme capacidade disponível dos locais previstos.

Estudo de caso 3: Plantas flexíveis

Gestão de uma planta flexível em uma empresa líder no fornecimento de componentes automotivos.

Situação inicial da empresa: inventário alto, em virtude, principalmente, de problemas de qualidade, tempo de *setup* elevado, *layout* inadequado e frequentes quebras de máquina (falta de manutenção).

Projeto: desenvolvimento de equipes semiautônomas (duração de três anos).

Objetivo geral do programa: tornar a planta flexível por meio do desenvolvimento de equipes semiautônomas, com o objetivo de melhorar a qualidade, reduzir desperdícios, aumentar a capacidade e a produtividade das células de manufatura.

Objetivos específicos

- Desenvolver uma metodologia para manter as melhorias de produto e processo decorrentes dos programas 6 sigma, aprimorar a segurança e a saúde do trabalho, realizar planejamento da qualidade, tratar de reclamações e não conformidades – tratamento realizado pelas equipes autônomas e áreas afins.
- Aprimorar a integração das áreas de apoio com a equipe semiautônoma.
- Definir a autoridade responsável pela manutenção, pela documentação, pelos desvios e por outras alterações decorrentes do processo dinâmico da melhoria contínua.

Método

- Formação de oito equipes multifuncionais e semiautônomas.
- Treinamento sobre padronização e processo de melhoria contínua.
- Treinamentos comportamentais: integração, comunicação e valores.
- Levantamento das questões problemáticas e proposta de soluções à gerência.
- Elaboração e acompanhamento do plano de ação.
- *Workshop* para divulgação dos resultados.

Questões problemáticas

1. Frequência e registros das inspeções não seguem o plano de verificação.
2. Falta detalhamento das competências dos operadores multifuncionais.
3. Melhorias não são incorporadas ao processo adequadamente.
4. Procedimentos operacionais são de difícil visualização e estão incompletos.
5. Comportamento caracterizado por descrédito, falta de tempo, falta de conhecimento, falta de prioridade, pouca participação, pouca informação e baixa motivação.
6. Percebem-se procedimentos informais sem definição dos responsáveis para autorizar desvios e modificações.
7. Projetos matriciais como 6 sigma, TPM, segurança e saúde do trabalho têm pouco envolvimento da produção, dos gerentes de fábrica e são de responsabilidade de gerentes corporativos.

Exemplo de plano de ação realizado pelas equipes semiautônomas

- Elaboração de procedimentos macros e micros pelas equipes.
- Construção de uma caixa de disposição de peças.
- Melhorias nos canais de comunicação: leitura de boletim diário; quadro de informação; acesso à internet; encontros de turnos e equipes; quadro com lista de problemas.
- Redução dos tempos de *setup* nos gargalos.
- Estudos iniciais de capabilidade e treinamento de fundamentos estatísticos.
- Reforma da sala dos técnicos.
- Programa *Kaizen Blitz*, com o lema "Guerra ao desperdício agora".
- Projeto e execução de novo *layout* com apoio da engenharia.
- Construção de carrinhos "portas-ferramentas" para *preset/setup*.
- *Andon* nas máquinas principais.
- Projeto de calha para espera de medição de peças.
- Plano de trabalho incluindo férias, paradas e intervalos.

Exemplo de indicadores utilizados e resultados alcançados

- Distância percorrida (metros) da peça com redução de 50%.
- Área de utilização da célula com redução de 14%.
- Redução do inventário (dias) de estoque no processo de 90%.
- *Lead time* (horas): redução de 90%.
- Qualidade (6 sigma): aumento de 56% da capabilidade do processo.
- Sucata: redução de 95%.
- Tempo de *setup*: redução de 50%.
- Número de operadores na célula: redução de 6 para 5.

[lista de siglas]

APO – Administração da produção e operações

CCQ – Círculos de controle da qualidade

Ce – Custo de estoque

CEA – Custo de estocagem anual

CEP – Controle estatístico de processos

CF – Custo fixo

CM – Custo de manutenção de estoque

Copics – *Communications oriented production information and control system*

Cp – Custo de preparação de um pedido ou custo do pedido

CP – Custo anual para comprar ou fazer pedidos

CPA – Custo de produção anual

CPM – *Critical path method*

CRP – *Capacity requirements planning*

CT – Custo total

CV – Custo variável

Cu – Custo unitário

EDI – *Electronic data interchange*

EF – Estoque final

EI – Estoque inicial

EM – Estoque médio

FMS – *Flexible manufacturing system*

GQ – Gestão da qualidade

ISO – International Standardization Organization

JIC – *Just in case*

JIT – *Just in time*
LEC – Lote econômico de compras
LEP – Lote econômico de produção
LT – *Lead time*
MOB – Mão de obra
MPT – Manutenção produtiva total
MRP – *Material requirements planning*
MRP II – *Manufacturing resources planning*
OC – Ordem de compra
OEE – *Overall equipment effectiveness*
OEM – *Original equipment manufacturer*
OF – Ordem de fabricação
OM – Ordem de montagem
OP – Ordem de produção
OPT – *Optimized production technology*
OS – Ordem de serviço
OT – Ordem de transporte
PAP – Planejamento agregado da produção
PCP – Planejamento e controle da produção
PDCA – *Plan-do-check-act*
PE – Ponto de equilíbrio
Pert – *Program evaluation and review technique*
PME(s) – Pequenas e médias empresas
PMP – Plano mestre de produção
PP – Ponto de pedido
PPB – Partes por bilhão
PPCP – Planejamento, programação e controle de produção
PPM – Partes por milhão
PR – Ponto de reposição
Qs – Estoque de segurança
RCCP – *Rough cut capacity planning*
RF – Recursos financeiros
RH – Recursos humanos
RM – Recursos materiais

SCM – *Supply chain management*
SMED – *Single minute exchange of die*
SSP – Sistema simplificado de produção
STP – Sistema Toyota de produção
STR – Sistema de troca rápida
TG – Tecnologia de grupos
TOC – *Theory of constraints*
TPC – Tambor-pulmão-corda
TQC – *Total quality control*
TQM – *Total quality management*
TR – Tempo de revisão
TRF – Troca rápida de ferramentas
UP – Unidade de produção
VEA – Valor econômico agregado

[referências]

ABNT – ASSOCIAÇÃO BRASILEIRA DE NORMAS TÉCNICAS. **NBR 6024**: progressiva das seções de um documento. Rio de Janeiro, 1987.

_____. **NBR ISO 9000**: sistemas de gestão da qualidade: fundamentos e vocabulário. Rio de Janeiro, 2005.

_____. **NBR ISO 9001**: sistema de gestão da qualidade: requisitos. Rio de Janeiro, 2008.

_____. **NBR ISO 9004**: sistemas de gestão da qualidade: diretrizes para melhorias de desempenho. Rio de Janeiro, 2010.

ALBERTIN, M. **O processo de governança em arranjos produtivos**: o caso da cadeia automotiva do RGS. 223 f. Tese (Doutorado em Engenharia da Produção) – Universidade Federal do Rio Grande do Sul, Porto Alegre, 2003. Disponível em: <https://www.lume.ufrgs.br/bitstream/handle/10183/4516/000412542.pdf?>. Acesso em: 23 fev. 2015.

ANTUNES JUNIOR, J. A. V. **Em direção a uma teoria geral na administração da produção**: uma discussão sobre a possibilidade de unificação da teoria das restrições e a teoria que sustenta a construção dos sistemas de produção com estoque zero. Tese (Doutorado em Administração) – Universidade Federal do Rio Grande do Sul, Porto Alegre, 1998.

ANTUNES JUNIOR., J. A. V.; FENSTERSEIFER, J. E.; KLIEMANN NETO, F. J. Considerações críticas sobre a evolução das filosofias de administração da produção: do "just-in case" ao "just-in-time". **Revista de Administração de Empresas**, São Paulo, v. 29, n. 3, jul./set. 1989. Disponível em: <http://www.scielo.br/scielo.php?pid=S0034-75901989000300005&script=sci_arttext>. Acesso em: 18 fev. 2015.

BALLOU, R. H. **Gerenciamento da cadeia de suprimentos**. 4. ed. Porto Alegre: Bookman, 2006.

BERRY, W. L. et al. **Sistemas de planejamento e controle da produção para o gerenciamento da cadeia de suprimentos**. 2. ed. Porto Alegre: Bookman, 2006.

BERTAGLIA, P. R. **Logística e gerenciamento da cadeia de abastecimento**. São Paulo: Saraiva, 2003.

BONATO, J. C. **Produtividade e qualidade organizacional**. Canoas: Ed. da Ulbra, 2008.

BOWERSOX, D. J.; CLOSS, D. J.; COOPER, M. B. **Gestão logística de cadeias de suprimento**. Porto Alegre: Bookman, 2006.

BRATZ, M. **Aplicação do QFD nas consultas eletivas do plantão médico da Santa Casa de Porto Alegre**. 160 f. Dissertação (Mestrado em Engenharia de Produção) – Universidade Federal do Rio Grande do Sul, Porto Alegre, 2001.

CAMPOS, V. F. **Gerenciamento pelas diretrizes**: Hoshin Kanri. Belo Horizonte: Ed. da UFMG, 1996.

CAON, M.; CORRÊA, H. L.; GIANESI, I. G. N. **Planejamento, programação e controle da produção**: MRP II/ERP – conceitos, uso e implantação. São Paulo: Atlas, 1999.

CHASE, R. B.; JACOBS, F. R. **Administração de operações e da cadeia de suprimentos**. 13. ed. Porto Alegre: AMGH, 2012.

CHOPRA, S.; MEINDL, P. **Gerenciamento da cadeia de suprimentos**: estratégia, planejamento e operação. São Paulo: Prentice Hall, 2003.

CORRÊA, H. L.; CORRÊA, C. A. **Administração da produção e operações**: manufatura e serviços – uma abordagem estratégica. 3. ed. São Paulo: Atlas, 2012.

FRAZIER, G.; GAITHER, N. **Administração da produção e operações**. 8. ed. São Paulo: Cengage Learning, 2001.

GEREFFI, G. International Trade and Industrial Upgrading in the Apparel Commodity Chain. **Journal of International Economics**, USA, v. 48, p. 37-70, 1999.

GOLDRATT, E.; COX, J. **A meta**. São Paulo: Educator, 1993.

GOLDRATT, E.; COX, J. **A meta**: um processo de melhoria contínua. 2. ed. São Paulo: Nobel, 2002.

HOSEUS, M.; LIKER, J. K. **A cultura Toyota**: a alma do modelo Toyota. Porto Alegre: Bookman, 2009.

IMAI, M. **Gemba Kaizen**: estratégias e técnicas do Kaizen no piso da fábrica. São Paulo: Instituto, 1996.

JONES, D. T.; WOMACK, J. P. **A máquina que mudou o mundo**. Rio de Janeiro: Campus, 1992.

KRAJEWSKI, L. J.; MALHOTRA, M. K.; RITZMAN L. P. **Administração da produção e operações**. 8. ed. São Paulo: Pearson, 2009.

LAUGENI, F. P.; MARTINS, P. G. **Administração da produção**. 2. ed. São Paulo: Saraiva, 2005.

LEAN INSTITUTE BRAZIL. **Lean Summit 2004**. Apostila de treinamento. Lean Institute Brazil: São Paulo, 2004. Disponível em: <http://www.lean.org.br>. Acesso em: 8 set. 2015.

MACKEY, J. T.; NOREEN, E.; SMITH, D. **A teoria das restrições e suas implicações na contabilidade gerencial**: um relatório independente. São Paulo: Educator, 1996.

MESSNER, D. **The Concept of the "World Economic Triangle"**: Global Governance Patterns and Options for Regions. Brighton: University of Sussex, 2002. IDS Working Paper 173.

MONDEN, Y. **Cost Reduction System**. Cambridge: Productivity Press, 1995.

_____. **Produção sem estoques**: uma abordagem prática do sistema de produção Toyota. São Paulo: Imam, 1984.

_____. **Toyota Management System**: Linking the Seven Key Functional Areas. Cambridge: Productivity Press, 1993.

MOREIRA, D. A. **Administração da produção e operações**. 2. ed. São Paulo: Cengage Learning, 2008.

NADVI, K.; SCHMITZ, H. Industrial in Developing Countries. **Word Development**, v. 27, n. 9, 1999.

NAKAJIMA, S. **Introduction to TPM**. Total Production Maintenance. Cambridge: Productivity Press, 1988.

PORTER, M. E. **Vantagem competitiva das nações**. Rio de Janeiro: Campus, 1990.

RODRIGUES, L. H. Análise crítica da teoria da produção otimizada e da teoria das restrições. In: ENCONTRO ANUAL DA ASSOCIAÇÃO NACIONAL DOS PROGRAMAS DE PÓS-GRADUAÇÃO EM ADMINISTRAÇÃO, 14., 1990, Florianópolis. **Anais**... Florianópolis, 1990.

SLACK, N.; CHAMBERS S.; JOHNSTON, R. **Administração da produção**. São Paulo: Atlas, 2009.

STEVENSON, W. J. **Administração das operações de produção**. Rio de Janeiro: LTC, 2001.

TAYLOR, W. F. **Princípios de administração científica**. São Paulo: Atlas, 1990.

TUBINO, F. D. **Planejamento e controle da produção**: teoria e prática. São Paulo: Atlas, 2007.

_____. **Planejamento e controle da produção**: teoria e prática. 2. ed. São Paulo: Atlas, 2009.

WIGHT, O. W. **Manufacturing Resource Planning**: MRP II. 2. ed. Califórnia: Universidade da Califórnia, 2008.

[apêndice]

Combinação perfeita? Abordagens do MRP/MRP II – JIT/*kanban* – TOC/OPT

Qual a melhor abordagem para o PCP?

- O **MRP** confere as necessidades de materiais com base no plano mestre de produção, gerando as ordens de produção.
- O **MRP II** gera o plano de produção conciliando demanda e capacidade de produção.
- O **JIT/*kanban*** garante o controle de produção, movimentando a quantidade certa de materiais, no momento certo, para o local certo, puxando-a pela demanda.
- O **TOC/OPT** programa os lotes variáveis e os pulmões, subordinando todas as demais atividades às restrições (gargalos), assegurando o aumento do fluxo (valor agregado).

Essas abordagens são complementares e asseguram, cada uma, um aspecto importante no planejamento e controle da produção. Vamos comparar as diferentes abordagens.

1. **Objetivos**
   - MRP/MRP II: balanceia demanda e capacidade.
   - JIT/*kanban*: aumenta o lucro pela redução de perdas.
   - TOC/OPT: faz dinheiro, aumentando o fluxo e reduzindo estoques e despesas operacionais.

2. **Inventário**
   - MRP/MRP II: calcula as necessidades e os níveis de estoques.
   - JIT/*kanban*: considera as perdas a fim de reduzi-las.
   - TOC/OPT: protege o gargalo como pulmão.

3. **Pulmões e estoque em processo**
   - MRP/MRP II: direciona a produção para a estocagem.
   - JIT/*kanban*: busca os menores estoques possíveis.
   - TOC/OPT: atua apenas nos pontos críticos, para proteger as vendas e os problemas de produção.

4. **Programação**
   - MRP/MRP II: faz previsão de demanda.
   - JIT/*kanban*: baseia-se na montagem final (última estação de trabalho).
   - TOC/OPT: tem como indicadores os recursos críticos.

5. **Tamanho do lote de produção**
   - MRP/MRP II: realiza cálculo do lote econômico de produção.
   - JIT/*kanban*: prioriza pequenos lotes de transferência.
   - TOC/OPT: emprega lote variável e fracionado na transferência.

6. **Tempos de *setup***
   - MRP/MRP II: inclui o custo de *setup* e de manutenção de estoques no cálculo do LEP.
   - JIT/*kanban*: reduz o custo do *setup* a fim de diminuir o tamanho do lote.
   - TOC/OPT: reduz o tempo de *setup* tendo em vista a maximização do gargalo.

7. **Capacidade de produção**
   - MRP/MRP II: objetiva equilibrar capacidade e demanda.
   - JIT/*kanban*: permite algum excesso de estoque no supermercado para proporcionar flexibilidade.
   - TOC/OPT: balanceia o fluxo, não a capacidade.

8. **Controle da produção**
   - MRP/MRP II: realiza o controle por meio das ordens de produção e de compras.
   - JIT/*kanban*: controla a produção por meio dos cartões *kanbans*.
   - TOC/OPT: sincroniza a produção pelos gargalos.

9. **Qualidade**
   - MRP/MRP II: aceita níveis moderados de defeitos, que são amortecidos pelos estoques.
   - JIT/*kanban*: defeitos são considerados perdas; o objetivo é zero defeito.
   - TOC/OPT: tem como foco os gargalos e as operações críticas.

[respostas]

Capítulo 1

■ Questões para revisão

1. Sugestão de resposta: análise para um processo de estamparia (prensa).

Entradas:
- Recursos materiais: moldes, chapas de aço, pintura, material de soldagem.
- Recursos humanos: operários, gerentes de produção, gerentes de logística, gerentes de qualidade.

Processos:
- A placa de aço é estampada segundo o molde.
- As peças são soldadas entre si tanto (manualmente) como com robôs (com pinça).
- A carroceria é pintada passando por diversos tanques para aplicar o tratamento superficial.

Saídas:
- Produtos: carroceria automotiva pintada.

Indicadores:
- Produtividade: quantidade de carrocerias produzidas por hora trabalhada.
- Eficiência: quantidade de carrocerias produzidas/quantidade planejada (padrão).
- Eficácia: porcentagem de peças retrabalhadas menor que 1%.

2. d

3. Sugestão de resposta: empresa do setor de transporte rodoviário de carga. O meio externo é tudo aquilo que cerca o ambiente da empresa e é capaz de influenciar suas decisões. O estado inadequado de conservação das estradas ocasiona desvios de rota (perda de eficiência), acidentes, danos à carga, atraso na entrega etc. O aumento do preço dos combustíveis afeta os custos para a realização do serviço. Um local estratégico para implantação da empresa contribui para reduzir custos com deslocamento, aumentar a eficiência, obter a mão de obra necessária etc.

4. b

Capítulo 2

■ Questões para revisão

1. Um dos objetivos principais do PCP é planejar a fabricação de produtos e a prestação de serviços para produzir no momento certo e na quantidade certa. Para atingir esse objetivo, o PCP realiza, inicialmente, o PAP, que necessita dos dados da previsão de demanda, tanto em quantidade quanto em localidade.

2. No método Delphi, um comitê deve ser formado por pessoas especializadas no assunto. Os participantes devem preencher um questionário preestabelecido, no qual um sumário dos resultados e das opiniões, com atenção particular às opiniões significantemente divergentes do grupo, é apresentado. Pergunta-se aos participantes se eles desejam rever suas opiniões baseados nos resultados apresentados. O processo se repete até que um consenso seja estabelecido, geralmente após três ou quatro rodadas.

3.
    1º Vendedores fazem a previsão de três meses, de P1 até P12.

    2º PCP estabelece a previsão com a média dos vendedores por produto e por mês.

    3º Comparam-se valores projetados e realizados (erros) por vendedor, para o mês.

    4º Vendedores preveem o mês seguinte (4) e atualizam os dois próximos.

    5º Retorna-se ao item 2, com a elaboração da continuação do PCP para os próximos meses.

4. a

5. Esse método não apresenta um grau de confiabilidade aceitável, pois, nos períodos anteriores, o CD não exercia uma forte influência no mercado. Caso seja feita uma regressão linear, os valores mais antigos, referentes a períodos em que o CD não atuava no mercado, serão interpretados de forma errônea. Melhor seria o método com média exponencial móvel, pois este considera o último valor previsto e o real.

6. Na equação da reta y = a + bx, *a* representa a intercepção da reta com o eixo *y* e *b*, sua inclinação. Podemos concluir que a previsão está errada, pois o coeficiente angular da reta se apresenta negativo, o que prevê uma redução da demanda ao longo do tempo, e não uma expansão no mercado. Talvez os dados de períodos anteriores estejam deturpando os resultados.

7. c

Capítulo 3

■ Questões para revisão ——————————————————————

1.
   a) M1: (3.000 min.)/(420 min.) = 7,14 (8 máquinas).
      M2: (1.200 min.)/(420 min.) = 2,85 (3 máquinas).
      M3: (1.800 min.)/(420 min.) = 4,28 (5 máquinas).
   b) M4: (1.800 min.)/(420 min.) = 4,28 + (M2) 2,85 = 7,13, ou seja, 8 fresadoras.

2. A capacidade da prensa necessária será de: (5.000 min. + 1.000 min. + 1.320 min.)/60 min. = 122 h/mês.

3. a

4. As decisões sobre capacidade estão definidas nos planos de negócios pela alta gerência e influenciam diretamente no planejamento das instalações produtivas e, consequentemente, no planejamento das necessidades de mão de obra e equipamentos. As decisões tomadas só surtirão efeitos futuramente, ou seja, em longo prazo. Muitas das decisões são associadas a alto risco e investimentos. Operar muito tempo com uma capacidade excessivamente acima ou abaixo das necessidades do mercado aumenta os custos operacionais, o que pode ser evitado por meio de uma análise criteriosa das necessidades de capacidade das instalações (CFs) e de um plano racional de expansão (CVs).

5. c

6. A nova F3 teria um CT de R$ 268.000,00 menor que a soma dos CTs da F1 (R$ 242.000,00) e da F2 (R$ 178.000,00).

Capítulo 4

■ Questões para revisão ───────────────────────

1. d

2. LEC = R$ 1.732,05; CEA = R$ 22.551.961,52; CPA = R$ 22.749.839,79. Como o CEA < CPA, deve-se optar por comprar as peças.

3. Q = 1.000; CEA = R$ 213.636,00; Q = 1.200; CEA = R$ 213.596,53; Q = 1.400; CEA = 213.604,68.

4. A quantidade de 1.000 peças a um custo total de R$ 7.598,00.

5. b

6. a) LEP para um *setup* de 1 hora = 6.925 un.
   LEP para um *setup* de 4 horas = 13.850 un.

   b)

   Quantidade

   Q = 6.894
   P = 3.000
   D = 500
   M = 5.745
   Q/P = 2,30
   Tempo

7. a) LEC = 400; TR = 24 dias; EM = 220; d = 16,67
   b)

   Tempo de ressuprimento

   $Q_{máx}$ = 400
   PP = 207
   Q_{min} = 40

   24 34   48 58   72 82   96 106 Tempo

Capítulo 5

■ Questões para revisão

1.
- Flexibilização da mão de obra e da produção.
- Lotes de produção menores (redução de tempo e de custo de *setup*).
- *Kanbans* (*just in time* – JIT).
- Parcerias de longo prazo para diminuir o *lead time* ou estoque de segurança.

2.

Mês	Estoque inicial (EI)	Produção normal – Extra – Subcontratação	Demanda	EF	EM
1	100	730 + 20	750	100	100
2	100	730 + 20	650	100	100
3	100	730 + 10	640	100	100
4	100	730	590	240	170
5	240	730	540	430	335
6	430	730	450	710	570
7	710	730	730	710	710
8	710	730	830	610	660
9	610	730	830	510	560
10	510	730 + 20 + 10	930	340	425
11	340	730 + 20 + 50	930	210	275
12	210	730 + 20 + 50	910	100	155
Soma		8.760(5) + 110(7) + 110(9)			4.160
Custo total		43.800 + 770 + 990 = R$ 45.560,00			R$ 4.160,00

3. Possível PMP ajustado:

Máquina X	1/Jan.	2/Jan.	3/Jan.	4/Jan.	1/Fev.	2/Fev.	3/Fev.	4/Fev.
X (P1)	166	185	185	185	190	190	190	190
Capacidade	350	350	350	350	350	350	350	350
%	47,3	52,86	52,86	52,86	54,29	54,29	54,29	54,29
Máquina Y								
Y (P1)	174,4	176	176	176	224	224	224	224
Capacidade	350	350	350	350	350	350	350	350
%	49,83	50,29	50,29	50,29	64	64	64	64
Máquina Z								
Z (P1)	199,20	222	222	222	228	228	228	228
Z (P2)	87,2	88	88	88	112	112	112	112
Total	286,4	310	310	310	340	340	340	340
Capacidade	350	350	350	350	350	350	350	350
%	81,83	88,57	88,57	88,57	91,14	91,14	91,14	91,14

4. Demanda prevista é o resultado da utilização de um método de previsão. Já a demanda confirmada se refere aos pedidos já realizados pelos clientes (pedidos em carteira). Devemos optar sempre pela maior demanda no cálculo do PMP.

5. b

6. c

Capítulo 6

■ Questões para revisão ─────────────────────────

1. O plano de produção define estratégias de longo prazo da empresa segundo as estimativas de vendas e a disponibilidade de recursos financeiros e produtivos. É realizado por famílias de produtos, sendo pouco detalhado. O PMP, definido em médio prazo, assume compromissos de fabricação e montagem segundo o que fora estabelecido no plano de produção e com base nas previsões de vendas de médio prazo ou nos pedidos em carteira já confirmados. É realizado por produto, não por família de produtos. No programa de produção, estabelece-se em curto prazo quanto e quando comprar, fabricar ou montar cada item necessário à composição dos produtos finais. Para isso, são dimensionadas e emitidas OCs, OFs e OMs dos produtos definidos no PMP. Em função da disponibilidade dos recursos produtivos, a programação da produção se encarrega de fazer o sequenciamento das ordens emitidas, otimizando a utilização dos recursos.

2. O PCP contempla a quantidade de caixas que estarão disponíveis para o atendimento, seguindo um estudo de demanda do mercado. O PCP pode utilizar indicadores para o controle do processo, como o tempo médio de atendimento e a quantidade de atendimentos realizados por um caixa durante certo período de tempo. Com a análise dos indicadores, chega-se às ações necessárias para melhorar a produtividade e a eficiência do processo. Outro ponto inerente ao PCP é a elaboração da quantidade de materiais de que o caixa necessitará (papel, dinheiro em caixa, impressoras disponíveis etc.). Esses materiais devem ter estoques controlados e estar disponíveis quando necessário.

3. Os métodos que apresentam melhores desempenho e acarretam menor tempo de atraso são o de menor tempo de processamento (MTP) e o de menor prazo de entrega (MPE), pois ambos têm apenas 5 horas de atraso.

4.

Modelo	Sequência	*Lead time* (horas)
Peps	A – B – C – D – E – F	46
Ueps	F – E – D – C – B – A	37
MTP	F – E – D – C – B – A	37
Johnson	E – D – C – A – B – F	35

A sequência que minimiza o tempo total é a de Johnson: E – D – C – A – B – F.

5. d

6. b

Capítulo 7

■ Questões para revisão

1. b

2. a.

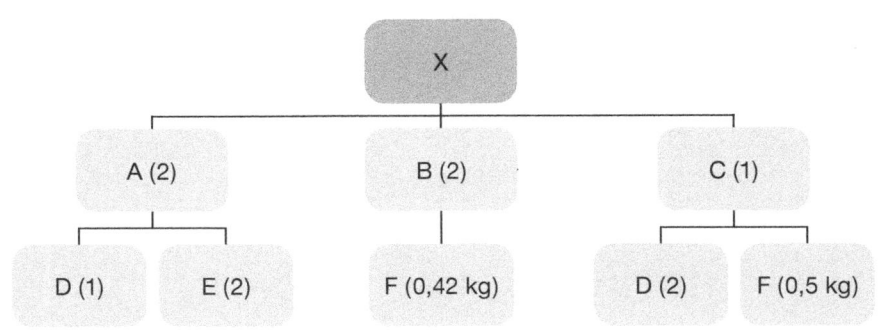

```
                    X
        ┌───────────┼───────────┐
      A (2)       B (2)        C (1)
     ┌───┴───┐      │        ┌───┴───┐
   D (1)  E (2)  F (0,42 kg) D (2)  F (0,5 kg)
```

b.

```
                    25
        ┌───────────┼───────────┐
        50          50          25
      ┌──┴──┐       │         ┌──┴──┐
      50   100    21 kg       50  12,5 kg
```

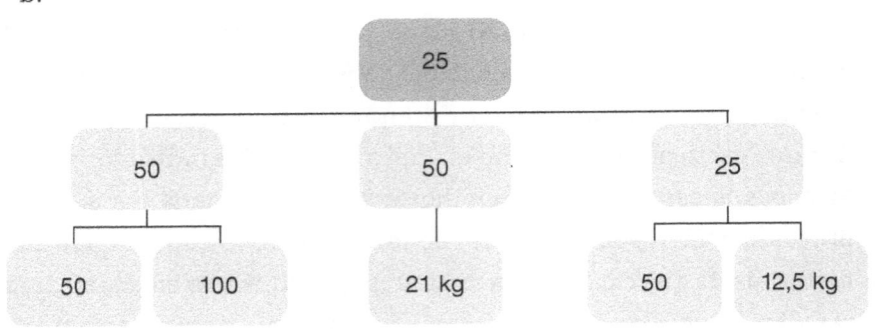

3. a.

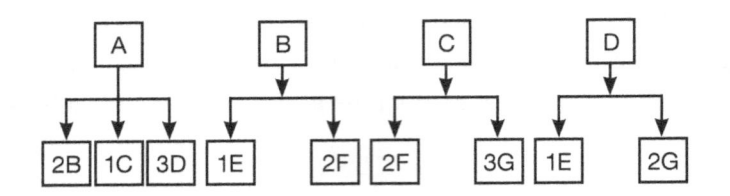

```
   A           B          C           D
 ┌─┼─┐         │        ┌─┴─┐       ┌─┴─┐
2B 1C 3D      1E       2F  2F     3G 1E  2G
              2F
```

Item	Tempo de montagem/ prazo de entrega (semanas)	Demanda	Estoque inicial	Necessidades	Quando comprar ou montar
A	1	1.500	300	1.200	Na semana 4
B	1	2.400	1.200	1.200	3
C	2	1.200	0	1.200	2
D	2	3.600	800	2.800	2
E	1	4.000	6.000	(2.000)	–
F	2	4.800	3.500	1.300	0
G	3	9.200	4.500	4.700	(1)

b. O item *G* está com uma semana de atraso, apesar de ter estoque elevado. Nesse caso, sugere-se recuperar uma semana com horas extras e/ou frete especial.

4. c

5. a.

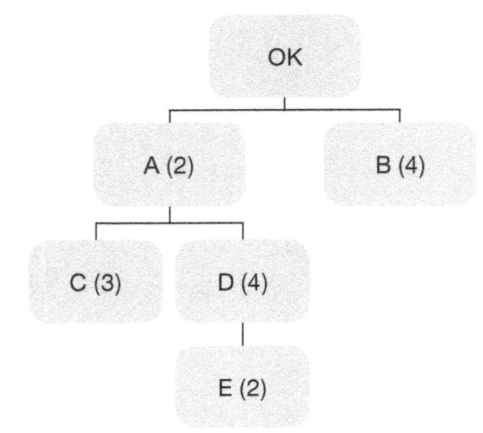

```
              OK
            ┌──┴──┐
          A (2)  B (4)
         ┌──┴──┐
       C (3)  D (4)
                │
              E (2)
```

b.

OK	1	2	3	4	5	6	7	8	9	10
Necessidade bruta										60
Estoque										
Necessidade líquida										60
OC/OF								60		

B	1	2	3	4	5	6	7	8	9	10
Necessidade bruta								240		
Estoque										
Necessidade líquida								240		
OC/OF							240			

A	1	2	3	4	5	6	7	8	9	10
Necessidade bruta								120		
Estoque										
Necessidade líquida								120		
OC/OF							120			

C	1	2	3	4	5	6	7	8	9	10
Necessidade bruta							360			
Estoque										
Necessidade líquida							360			
OC/OF						360				

D	1	2	3	4	5	6	7	8	9	10
Necessidade bruta							480			
Estoque										
Necessidade líquida							480			
OC/OF						480				

E	1	2	3	4	5	6	7	8	9	10
Necessidade bruta						960				
Estoque										
Necessidade líquida						960				
OC/OF			960							

6.

Mesa	1	2	3	4	5	6	7	8
Necessidades brutas			35					25
Estoque disponível			35					25
Necessidades líquidas								
Liberação de ordens programadas (MRP)			35					25

Suporte	1	2	3	4	5	6	7	8
Necessidades brutas				35				25
Estoque disponível	0	0	0	0	25	25	25	25
Necessidades líquidas				35				0
Liberação de ordens programadas (MRP)			60	35				

Tampo	1	2	3	4	5	6	7	8
Necessidades brutas				35				25
Estoque disponível	20	20	20	20	10	10	10	10
Necessidades líquidas				15				15
Liberação de ordens programadas (MRP)			25				25	

Parafuso	1	2	3	4	5	6	7	8
Necessidades brutas			220	280			100	200
Estoque disponível		250	250	30	0	0	0	0
Necessidades líquidas			(30)	250			100	200
Liberação de ordens programadas (MRP)				250			100	200

Cola	1	2	3	4	5	6	7	8
Necessidades brutas			23				5	
Estoque disponível	5	5		7	7	7	2	7
Necessidades líquidas			18					
Liberação de ordens programadas (MRP)			25				5	

Pé	1	2	3	4	5	6	7	8
Necessidades brutas			120					
Estoque disponível	80	80	80	40	40	40	40	40
Necessidades líquidas			80					
Liberação de ordens programadas (MRP)		80						

Pranchão	1	2	3	4	5	6	7	8
Necessidades brutas			50				50	
Estoque disponível	75	75	25	35	35	35		35
Necessidades líquidas							15	
Liberação de ordens programadas (MRP)	10							

Capítulo 8

■ Questões para revisão

1. Quanto maior o *lead time* de produção, maior o tempo de espera para processamento de novos lotes. Isso provocará elevados estoques de matéria-prima, intermediários e de produto final.

2.
   a. A diminuição dos tempos de troca de ferramentas (*setup*) viabiliza a produção em lotes menores e a redução de perdas.
   b. O controle da qualidade é realizado pelos operadores no próprio local de trabalho, ou seja, nas células de fabricação.
   c. O *layout* celular deve ser projetado de forma que permita o fluxo contínuo de peças e a integração entre o processo e os operadores, o que possibilita a redução de desperdícios de movimentação e o aumento da disposição da mão de obra. Normalmente, usa-se *layout* celular no JIT.
   d. Ambos são complementares ao sistema de produção JIT. Enquanto no JIC são liberadas OPs e OMs, no JIT o fluxo de material é controlado por cartões *kanban*.

3. Quanto menor o tempo de *setup*, menor seu custo e, consequentemente, menor o tamanho do LEP. Com lotes menores, a empresa poderá diminuir seus estoques. Quando o custo de preparação da máquina é pequeno, fica

mas fácil produzir somente o necessário por dia ou demanda, diminuindo assim o investimento em estoques decorrentes de grandes lotes.

4. O sistema *kanban* se caracteriza pela existência de um controle do fluxo de material. Esse controle é feito pelos cartões, que servem de alerta para que seja feita a reposição de materiais. O controle de produção fica totalmente ligado à linha puxada, pois, ao se retirarem as necessidades imediatas do supermercado, automaticamente se puxa um novo lote para ser reposto. Aplicam-se *kanbans* para os seguintes produtos usados em uma lanchonete: pão, carne, queijo, alface e tomate. Para esses componentes, há um fornecedor que abastece a lanchonete conforme a demanda. Cada um desses produtos é separado por quantidades programadas em recipientes contenedores, que têm um cartão *kanban* com informações acerca do produto (discriminação, quantidade etc.). O início do processo é disparado com o pedido de um cliente e a retirada dos componentes do contenedor. Deve-se ter uma quantidade de contenedores capaz de não prejudicar a produção dos lanches por falta de componentes. Desse modo, quando o contenedor fica vazio (por exemplo, quando um contenedor de pão é completamente consumido), o cartão *kanban* que o acompanha é colocado em um painel de prioridade, junto ao fornecedor. O fornecedor entregará somente a quantidade do item (pão) relativa ao *kanban*.

5. d

6. d

Capítulo 9

■ Questões para revisão

1. Se determinado sistema apresenta o melhor resultado possível, não mais que um de seus componentes apresenta também esse comportamento. Isso indica que o componente considerado o "elo mais fraco" ou gargalo dita o desempenho do sistema global.

2. Caso um componente não gargalo apresente um desempenho superior ao global, seus benefícios não influenciarão no desempenho geral, visto que o recurso restritivo, ou gargalo, de um sistema sempre dita seu desempenho.

3. No fluxo do esquema, o tambor do sistema seria final, pois sua capacidade (50 peças/hora) é menor que a das demais orações. O pulmão seria um estoque de embalagens localizado antes do gargalo (entre a quarta e a quinta operaçõe), cujo objetivo seria proteger a restrição de possíveis variabilidades. A corda sinaliza a necessidade de entrada de materiais, que seria ligada diretamente entre o tambor e o estoque inicial.

4. b

5. a

6. No sistema JIC, o PCP é centralizado e emite OFs para todos os postos de trabalho, buscando a máxima produção destes. No JIT, haveria uma célula de trabalho controlada por cartões kanbans, ou seja, a produção seria realizada por demanda. No OPT, teríamos um pulmão antes do gargalo (montagem), que daria um ritmo de produção igual a 8.000 peças/dia. A corda permitiria a entrada de matéria-prima no mesmo ritmo da montagem. O LEP seria calculado para o sistema tradicional (JIC) e o MRP planejaria as necessidades de materiais para os três sistemas. A sincronização e o balanceamento poderiam ser realizados no *layout* celular, deslocando os operadores polivalentes.

[sobre os autores]

O professor doutor **Marcos Ronaldo Albertin** é graduado em Engenharia Mecânica (1983) pela Pontifícia Universidade Católica do Rio Grande do Sul (PUCRS), pós-graduado em Saúde e Segurança do Trabalho (1998) pela Faculdade de Engenharia de Varginha (FENVA), mestre em Engenharia Industrial (1993) pela Fachhochschule Bochum, doutor em Engenharia de Produção (2003) pela Universidade Federal do Rio Grande do Sul (UFRGS) e pós-doutor em Monitoramento de Sistemas Produtivos (2009) pelo Bremer Institut Für Produktion und Logistik – Biba e Benchmarking (2013) pelo Fraunhofer Institut Für Prodktionsanlagen und Konstruktionstechnik – IPK, ambos na Alemanha. Atualmente, é professor associado do Centro de Tecnologia da Universidade Federal do Ceará (UFC). Trabalhou nas empresas Mangels, Zahnrad Fabrik, Opel, Marcopolo e Dana. Tem experiência em ISO 9001, TS 16949, sistema Toyota de produção e gestão da qualidade.

O professor doutor **Heráclito Lopes Jaguaribe Pontes** é graduado em Engenharia de Produção Mecânica (2004) pela Universidade Federal do Ceará (UFC), especialista em Gestão da Produção (2006) pela Universidade Federal de São Carlos (Ufscar), mestre (2006) e doutor (2012) em Engenharia Mecânica (área de concentração: Manufatura) pela Universidade de São Paulo (USP). Atualmente, é professor adjunto II do curso de Engenharia de Produção Mecânica da UFC. Tem experiência na área de engenharia de produção, com ênfase em logística e gestão da produção.

Os papéis utilizados neste livro, certificados por instituições ambientais competentes, são recicláveis, provenientes de fontes renováveis e, portanto, um meio responsável e natural de informação e conhecimento.

FSC
www.fsc.org
MISTO
Papel produzido a partir de fontes responsáveis
FSC® C103535

Impressão: Reproset
Fevereiro/2023